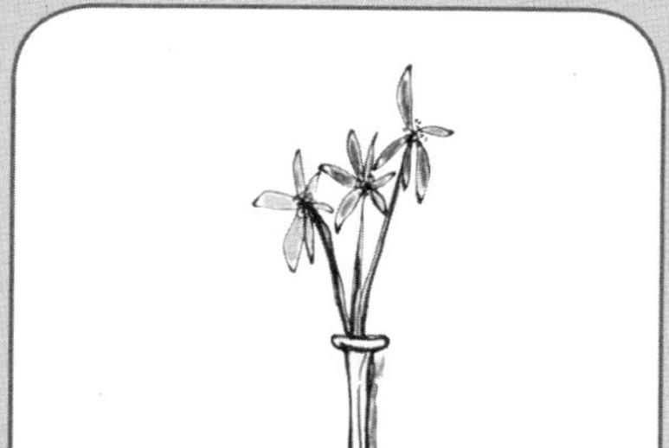

大地邊緣人物

禪門人物的風姿與領悟

程兆熊 著

完人的生活與風姿之三

外頭儘管是天翻地覆的世界，
這裏卻是天清地寧的局面；
外頭儘管是吵吵鬧鬧的聲音，
這裏卻是諄諄懇懇的言詞。

《完人的生活與風姿》推薦序

溫金柯

《完人的生活與風姿》一書，是先師程兆熊先生集先前所撰寫的《一個人的完成》、《大地人物》、《大地邊緣人物》三本小冊子編成的。據彭震球教授的原序，這樣的編輯，是在民國六十四年秋，彭教授給程老師提的建議，並取名為《完人的生活與風姿》。

這樣彙編成一本書，事實上與程老師原先的著作構思是一致的。《一個人的完成》，是民國三十二年六月，老師在對日抗戰最為艱苦的階段，受命代表政府，準備收回法國所擁有的滇越鐵路的主權時，寄居在昆明一座寺廟中寫成的；這本小書還有一個副題是「太平之線索」。民國四十幾年，老師在臺灣任教時，繼續以宋明理學人物與禪宗人物為例，來闡明《一個人的完成：太平之線索》的意思。老師的說法是：「二次大戰期中，余在昆明一破廟中草《一個人的完成》一書，此乃概論性質，然亦頗思以此為一太平之線索。年來，因試於一草一木中體認中國文化，從而草成《中國庭園花木與性情之教》。以後，遂復試於生活上體認中國文化之兩大異彩，即禪宗與理學，草成《禪門人物之風姿的欣賞》與《理學人物之生活的體驗》。」後二書也就是《大地邊緣人物》與《大地人物》。在集三書編成《完人的生活與風姿》時，又把所述的理學與禪宗人物，各各加上一個附題曰「一個人的完成之一」乃至「一個人的完成之三十」，也就是以三十個人物的言行，來具體闡述何謂「一個人的完成」。這樣就成了既有概論，又有具體實例，相互呼應的著作。

出生於光緒三十三年的程老師，成長在戰禍連連的時代。據其自述，讀大學時，學的是科學，曾經想要「輟學作戰」。後來有緣在杭州遇到熊十力先生，求開示。熊先生引孔子「己欲立而立人，己欲達而達人」之語勉勵他「己未立達，其如人何？」又說：「清季以來，人人攘臂救國，國以救而益危。此其故，可以不長深思耶？」老師說他得到熊先生的教誨，「看後久思」，「以後我即一意向學」，不久又赴法國巴黎凡爾賽園藝學院留學，取得園藝學博士學位。抗戰軍興，民國二十七年，南京失陷，老師方才回國，從軍報國。時年三十二歲。

老師在抗戰階段，曾受命考察七省的訓練事宜。民國二十九年，他給直屬長官陳誠司令寫信，「建議設立中國哲學研究所」。信中說：「職此次奉令視察黔桂湘粵贛閩等七省訓練事宜，爲時半載，並旁及農業設施外，更深有感於各地青年思想之浮動，及社會文化之失其重心，致共黨宣傳，乘虛以入，致各種訓練事業，推行之困難，追原究本，亦均係中心信仰之難樹立，故各地訓練者與被訓練者，均不免視訓練為例行公事，而發生種種弊端。其治標辦法，已由職另呈建議，惟關於中心信仰之建立，則默察社會文化之需要，除盡量宣傳三民主義，以範圍人心外，竊以為提倡中國哲學思想之研究，亦屬切要之圖。」老師在抗戰時期遊歷中國大地時，看到的是「各地青年思想之浮動，及社會文化之失其重心」，認為這是更大的危機。在這樣的背景下，老師以探求「太平之線索」而撰寫的《一個人的完成》，應是有所感而為。

抗戰勝利後，程老師回到故鄉江西，在原本「鵝湖書院」舊址上辦「信江農業專科學校」，隨後又擴充為農學院，並為國防部代辦了兩班青年軍屯墾職業訓練。老師說，「因一己夙習農業，遂頗有長居鵝湖之志，身旁攜此小書原稿，便印作校內諸生自修之用」。看起來，老師在戰後，是有意在宋代理學史上「朱陸之會」的著名之地「鵝湖」，繼往開來，躬身實踐，以講明學問，為當時的中國尋找「太平之線索」。

程老師在《儒家思想——性情之教》一書，敘述宋明理學的復興，實根基於宋初胡瑗（世稱安定先生）結合「經學」與農業、水利等技藝的「湖學」。這與老師在鵝湖書院舊址辦「信江農業專科學校」，看起來有相同的意趣。老師打算在抗戰結束之後，定根在自己的家鄉，以自己所學的科學與哲學，建立中國太平的基石。

《一個人的完成》這本書首章的標題就是「太平之線索」，破題就引用韋莊的詩：「長年方悟少年非，人道新詩勝舊詩。十畝野塘留客釣，一軒春雨對僧棋。花間醉任黃鸝語，池上吟從白鷺窺。大道不將爐冶去，有心重立太平基。」老師引用唐末、五代的知識分子韋莊的詩，有一種古今呼應的意味。《新五代史·一行傳序》，開頭就說：「嗚呼！五代之亂極矣！傳所謂天地閉、賢人隱之時歟？」

極亂的時代，呼喚太平的到來。而太平的根基是什麼？韋莊提出了問題，在老師看來，開始解決這個問題的是宋初胡瑗的「湖學」。而胡瑗之所以能夠扭轉亂世，奠定宋明理學的黃金時代，老師在《大地人物》介紹的第一位，所謂「一個人的完成之一」，就是胡瑗，題目是：「胡安定的『得家書見上有平安二字即投之澗中不復展』」。用這樣的故事來說明，亂世的結束，太平的根基，在於一個人的覺醒：「得家書，見上有平安二字，即投之澗中，不復展，這也會是簡單化。只有如此，才可以攻苦食淡。只有如此，才可以終夜不寢。歸歟歸歟？誰能一坐十年不歸？只不過『知歸，知歸』，畢竟一坐十年不歸！就這樣成就了一個『學』，就這樣完成了一個人。這『學』就是『湖學』，這『人』就是胡安定。」

《一個人的完成》的一開始，引用韋莊的詩之後說：「這所謂的『太平基』是什麼呢？這在我的意思是：總須得要有一個人的完成呀！蓋必須眞有了『一個』和無數的『一個』人的完成，這才眞正可以有一個國家的完成，一個世界的完成，以至一個宇宙的完成。」

老師在戰後，想要在鵝湖書院，透過教育，實踐「有心重立太平基」的理想，但不久之後，中共推翻民國政府，建立共產政權，老師離開中國，首先來到臺灣。從此之後，「鵝湖」成了老師一生憶念不已的所在。儘管時不我予，但是老師到臺灣、香港等地，參與香港新亞書院的創辦，在臺灣的臺灣大學、中興大學、東海大學、文化大學等地任教，在臺灣做山地農業資源調查，不辭勞苦，幾乎走遍臺灣包括深山與平地的每片土地。胸懷天下，立志致太平，努力做事，修身養性。這可以說是程老師終其一生精神之所在。老師一生的著述，估計應有百本以上。這本《完人的生活與風姿》從以上的描述，或可以視爲最具代表性的一部，也是認識老師的精神世界的入門。

做爲本書「概論」的《一個人的完成》，提出所謂「一個人的完成」所根據的綱目，依次是：「對人性的了悟」、「做人的重量」、「對人的容量」、「遵循人情的正軌」、「內心的均衡」、「生活的簡單化」，前前是後後的根據。老師又說：「同時，這以上的各種根據，又是互爲根據的，然其各個共同的主要關鍵，還是在一個人對這所謂『簡單化』之涵義的認識的深度，從而獲得的一念的簡單化！」

扼要的說，所謂「對人性的了悟」，指的是：「你當知道，人性畢竟是好的，因此那便要：第一，好話務須多說，其次，世人應予鼓勵！也因此，你就千萬不可以驕！」

所謂「做人的重量」，乃是「德」。「那便是要常懷敬意，又要常懷好意，而見之於外的，則爲端重」。

所謂「對人的容量」，就是「氣度」和「雅量」。「除了對人有一種極大的容忍外，並且對自己還有一種極大的情緒上的超脫」。

所謂「人情的正軌」，就是做事做到恰到好處與有分寸，所謂入情入理。

所謂「內心的均衡」，就是洒脫和不動心，是心安理得之相。

所謂「生活的簡單化」，就是「生活的原則性」與「生活的清明性」。

綜上所述，我認爲，老師所說的「一個人的完成」，指的是在「宇宙內事乃己分內事，己分內事乃宇宙內事」的認知下，修練著「人情練達、世事洞明」的待人處世之道，以及「閒居獨處，清明在躬」的自處之道。老師則說：「此實一修養之道，亦即教育之道，亦即訓練之道，並亦爲延年益壽與安樂永康之道。」

老師在《一個人的完成》中，除了舉中國史書中智愚賢不肖的故事爲例，來說明上述各個綱目的內容，也不乏西洋人，諸如拿破崙、亞歷山大、愛因斯坦、歌德、愛默生等人的例子。而在《大地人物》、《大地邊緣人物》中，又以宋明理學人物和禪師們的風格作略，做更加深入的闡釋。老師的文筆極佳，所描述的人物風姿躍然紙上，使讀者對於什麼叫做「完成的人」有親切而生動的認知。老師說：「苟讀者亦願活看此書，活看理學，活看中國文化，則區區之意，既獲所償，而於世當不無小補。」

老師在此書中所呈現的思想規模，可以視為是中國人文思想的彙整。如《大學》所說的，平天下，其基礎在於「正心誠意、格物致知」。又如《中庸》所說的「喜怒哀樂之未發謂之中，發而皆中節謂之和。致中和，天地位焉，萬物育焉」。事實上，修練「人情練達、世事洞明」的待人處世之道和「閒居獨處，清明在躬」的自處之道，何嘗不是佛教的精神呢？如《大智度論》所說的「般若將入畢竟空，絕諸戲論；方便將出畢竟空，嚴土熟生」，也是同樣的意思。老師經常提到明儒王龍溪所說的「聖學明，佛恩益有所證」，對於佛教乃至基督教與回教，都抱持著同情的理解與敬意。老師說：「孔門之氣象萬千，宋明儒者之篤實凝斂，而禪門人物又盡為豪傑之士，凡此固皆大時代之所孕育而成，但亦正所以促成大時代之終於來到。此豈可以小模小樣，與夫小心眼以識取之乎？今之一切，只是小，而一切罪惡，即皆自小中與窄中來。於此推擴得開，即是一絕大本領。」在此，老師所斥的，乃是當代儒者中，以門戶之見闢佛的風氣。這是老師的氣度和思想高度。事實上，閱讀老師在《大地邊緣人物》中對於禪者的詮釋，也可見到老師的智慧犀利，每每令人心開意解，拍案叫絕。

筆者就讀文化大學哲學研究所碩士班時，曾選修老師教授的「儒家哲學」課。碩士論文以佛典《俱舍論》爲題，老師爲指導教授。在此之前，讀政治大學哲學系時，尚未親炙老師，就讀到《完人的生活與風姿》一書，並深深喜愛。對於書中所述胡安定的故事印象最爲深刻，知道立志之要。對於邵康節對程伊川所說的「面前路徑須令寬，路窄則自無著身處，況能使人行也？」引以爲誡。對於程明道的「坐如泥塑人，然接物渾是一團和氣」，覺得大開眼界。這些二十歲左右讀的書，到今天年逾花甲，反思起來，竟然是「存之於心，永誌不忘」的教誨，可謂一生受用不盡的閱讀。老師的著作，把「哲學思想」與修練「如何待人處世、獨居自處」連繫起來，對一個哲學系學生來說，應該是很有啓發的吧！

今年初，華夏出版公司重印程老師的《高山行》、《高山族中》、《山地書》、《臺灣山地紀行》等山地四書，李惠君女士邀集先師的門人共襄盛舉。我們識與不識的學長們都歡喜踴躍，一起參與，並在全臺各地舉辦十場座談。對懷念先師的我們來說，這眞是不可思議，也是令人備感欣慰的活動。簡總編輯上月表示有意重印《完人的生活與風姿》，並邀筆者撰寫序文。筆者不敢推辭，謹述如上。

民國一一一年五月七日

彭序

不知是由於情性的契投，還是由於對人文世界的嚮往，這些年來，我竟成爲程兆熊兄的忠實讀者。他一有新著，我必先設法讀到。在他的許多著述中，我特別喜愛他談論人物情性的作品。最先，我讀到的是《大地人物》一書，當看到宋明理學們那篤實沈潛的器宇，那清操自勵的志節，就令我怔忡多時！其次讀到《大地邊緣人物》，見到禪門大德們，風標萬古，妙語如珠，心中再顯一度靈光。最後纔讀到《一個人的完成》，他綱舉目張，平心論人，至此我又憬悟到一個完美人格的完成，是要經過無限歷程的。這三部書，我都留下了深刻的印象。然時湮日久，這些書早已絕版，現時已很難讀到了。去秋，我乃建議兆熊兄，將此三書重新排印，並合訂成一冊，總稱爲「完人的生活與風姿」，兆熊兄即欣然應允。

這三本書雖是先後寫成，卻是血脈一貫，聲氣相通的。《大地人物》一書，作者從宋明學案中選出若干突出的人物，運用妙思，塑造成不同人物的類型，引領讀者，同觀先賢風範。這裏所塑造的，有的如和風甘露之溫純，有的如泰山喬嶽之高卓，有的如皎月懸空之明淨，有的如汪汪萬頃陂之量度，各本其氣質之差別，呈現赤裸裸的心靈，做那個時代的見證人。我們知道：宋明時代的理學家，遭際不遇，時在淒風苦風中過生活；人在風雨裏，心情悲苦，一念及大地生靈，一念及歷史文物，一念及千載之下的未來國家，內心的孤憤幽憂，就化爲砥礪志節的力量，激發爲偉大人格的光輝了。所以宋明諸儒的德行學問，是從生活實踐中體驗得來的。

《大地邊緣人物》所描述的，都是是禪門的大德。我國自晉唐以來，禪門人物，各具風姿，慧光流轉，以啓迪眾生。故本書所述，從達摩的行跡，德山的來勢，雲門的敲門，……以至臨濟的托開，投子的投明，道吾的不道，各有妙諦，各顯神通。禪師們的棲止，起初僅是一個衷心的嚮往，隨後便是一個絕妙的行踪。他們處身叢林，竹窗留影，蓮池印心，語言動定，皆入三昧。外頭儘是天翻地覆的世界，這裏卻是天清地寧的局面；外頭儘管是吵吵鬧鬧的聲音，這裏卻是諄諄懇懇的言詞。禪師們又各有絕大的本頭，凡疑遇難，著手便判，身心世界，全體放下。作者以他敏捷的想像力，把握一刻間的意象，又能創造一份得心應手的活言語，給每一位禪師的風姿，點染一些光彩，收到人物表現的恰當效果。

《一個人的完成》一書，雖是較早寫成的作品，在我卻是最後讀到的。平心而論，每個人的完成，雖不必太過求顯赫膨脹，亦不必奢求建立豐功偉業，人要希聖希賢，總先要從盡性做起。能盡一己之性，就能盡人人之性。因此，一個人的完成，要能面對現實環境，要能面對人生世局，作深度的體驗，從心靈的深處，呈現人性的光輝，就能得到生命的安頓，創造幸福的生活。本書的內容，從太平的線索說起，接著說到人性的了悟，做人的重量，對人的容量，人情的正軌，內心的均衡，生活的簡單化，歸結到一個人的完成。這一系列的論述，會古今人物於一處，集時空生活於一體，可說是一冊完整的「人學」論著。

我們深知：人的歷史，由「質」到「文」；人的生活，由「簡」到「繁」，自是必然的演進。惟我們總憂懼歷史過於「文」，人性必會趨於光滑浮薄，到頭終會陷落的；因而我們總希求一己能夠走出光滑的平面，盡力向上提昇。我們又憂懼生活過於「繁」，人性必顯得光怪陸離，到頭終會迷失了自己；因而我們總希求一己能夠擺脫不相干的羈絆，力求生活單純化。這是立己立人的原則，成事成物的道理，希望讀者能夠多加省察。

我們讚賞先賢及禪師的生活與風姿，係出於個人衷心的景仰。然更重要的是，要能發掘自身的本性，調和一己的才情，使個人氣質之稟，得到中和的發展，不偏不蔽，不剛不柔，不清不濁，處人而不失己，持己而不失人，循此中道而行，必可保持自己的才情個性，又能在社會群體中，得到安身立命之所。這一種生活態度，未知能得讀者同意否？我眞不敢一言肯定。

中華民國六十五年仲夏
彭震球寫於台北寓所

前言

余由寓所至臺灣大學課堂授課，每須經過一個地帶之邊緣，繞一院子而行。院中有一石榴樹，花發如火。但其時風風雨雨，竟一連五六日不停。因有「誰家院子石榴紅？印入行人眼目中；一自墻頭繞過去，彌天都是雨和風」之題句。在風雨中，念及大地，亦念及大地邊緣，其所最難忘懷者，實為大地人物，以至大地邊緣人物。由此而更有契於洙泗，並深感於王龍溪「聖學明，佛恩益有所證」之語。遂決意寫作有關論語、理學及禪宗之書，而最先寫成者則為此冊。其中各文，曾分別發表於香港《人生》與《原泉雜誌》及臺灣各種佛學刊物中。香港竺摩法師曾有文評介，新加坡現已圓寂之融熙法師曾有來信期許，而臺灣有一大學生則函《人生雜誌》說是「摸不著頭腦」。宗三兄因謂此不宜發表於普通之刊物，為此之故，余即將稿索回，藏之篋中，一置七載。而此後所寫之《大地人物》及《論語講義》，則先印行。

友人吳顧言老先生早曾發願要印此書，余總以機緣未到為辭。又尚未見面而遠在美國之王西艾先生更來信說要資助印費，余亦只能謝謝而已。西藏事起，達賴走印，而一生念佛之老母，又迄無訊息。海外十年，排遣非易，一轉念間，遂又印此書。事如風來，淚如雨下矣。

憶余之外祖母，因二舅父病逝他鄉，而吃長素、念佛經，不久哀哀長逝。余母因報母恩之故，乃繼吃長素、念佛經，至今近五十載，身陷匪區而全不怖畏。余父爲同盟會人，又爲儒者，竟以此故，致老年夫婦失和，今且長逝矣。余則時憶王龍溪之言，即對基督教與回教等，亦如是觀。然因父母晚年失和，心至痛楚，故於儒佛之道，欲體之於心，遂更迫切。惜夙習農學，心力因此農業科學而耗費者至多，且由藝進乎道，其途實至艱苦，談何容易？今成此書，並付梓問世，亦正所以就正於高明之道與贖罪之方也。

當決定印此書之際，久未來信之西艾先生復自美國芝加哥寄來Zen Buddhism一書，說要以此書爲余壽，並祝《禪門人物》一書能早日出版以壽世。余之此書，一名《禪門人物的風姿與領悟》，簡稱《禪門人物》。余講洙泗之教，特重孔門氣象；講宋明理學，特重生活體驗，而講禪宗，則特從其風姿之領悟以入。其是否有當，亦望人能確本其一己之氣象生活與風姿，以相印證，此非可以言語口舌爭者也。孔門之氣象萬千，宋明儒者之篤實凝斂，而禪門人物又盡爲豪傑之士，凡此固皆大時代之所孕育而成，但亦正所以促成大時代之終於來到，此豈可以小模小樣，與夫小心眼以識取之乎？今之一切，只是小，而一切罪惡，即皆自小中與窄中來。於此，推擴得開，即是一絕大本領。蓋「手握乾坤殺活機，縱橫施設在臨時」，必須如此，方能眞知「誰家院子石榴紅」也。願與讀者共勉焉。又出版時，承吳先生及蔡繼聰同學之助，附此誌謝。

CONTENTS

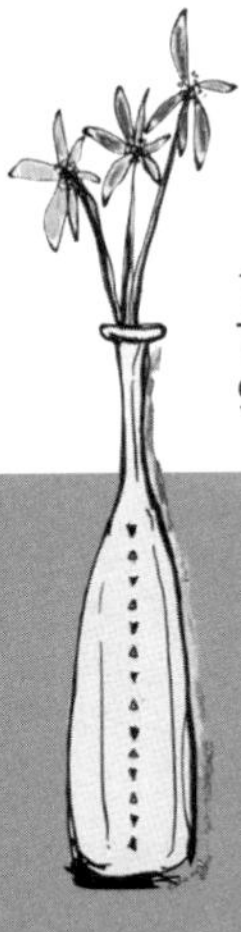

CONTENTS

一、達摩的行跡

東方是智慧的，中國是智慧的國。隔一重山，見冒了煙，就早知道那裏著了火。隔一座墻，見生了角，就眞知道那裏有了牛。從一點就知道一切，有葛藤就一刀兩段。風吹來，總會吹去。眾流至，終歸平平。這些事，竟被一個外方人明白了，起先是一個衷心的嚮往，接著是一個絕妙的行跡。

這外方人的名字，叫做達摩。他在外方遙遙地觀看著這裏。但從那裏到這裏，是隔了重重的山，又隔了茫茫的海。

終於他泛了海，又渡了海。他得得而來，他寂寂而至。以前的記載說他是負了一個使命而來，但現在我們知道：他不過是爲了一大因緣而至。說他單傳心印，那是由於這裏的智慧，已深深印入了他的心胸。說他「不立文字」，那是由於他早知道這裏的文字，已經是太多了。這裏的文字就是性情，這裏的性情，就是心血。他初來時，只得驚訝。他一到後，遍地是佛。凡是土裏，都有了栽培；凡是水裏，都有了養育；一株小草，也有絕大的風流，沉沉流過；一朵小花，也有無邊的神化，默默化來。巨石總是貞固不移，老樹更是清風亮節。這裏是遍地黃金，因黃金已行將等諸塵土。這裏是家家魚米，因魚米已儘可隨手拈來。柳浪徐徐，泉聲瀌瀌。凡有所言，皆如未說。

達摩會見了那時的梁武帝。於是作了如次的交談：

「如何是聖諦第一義？」武帝問。

「廓然無聖。」達摩答。

「對朕者誰？」武帝再問。

「不識！」達摩再答。

要知一個智慧之國裏的皇帝，這一問是又頓成了不智無慧。那是一個眞問題，但也是一個眞玩意。那裏有的是究竟，但那裏也有的遊戲。據教中人說：「眞諦以明非有，俗諦以明非無。眞俗不二，即是聖諦第一義。」其實那只是說什麼都沒有，亦都不是沒有。讓有和沒有，成爲一件事，這便是第一義。其實那只是一個圈子，必須跳出。其實那只是一個漆桶，必須打破。聰明的人，總喜歡弄點圈套。靈利的人，會時常跌入漆桶。梁武帝竟於不知不覺間，作了這些人的代言人。他在智慧之國裏，只不過是一個自以爲是智慧的人。因之，他也自以爲是作了許多功德的事。當第一次見了達摩時，他就問道：「朕起寺度僧，有何功德？」這便只好讓達摩回答道：「無功德。」他腦子裏，總有一個大皇帝，他不知道他只是偶然做了皇帝。既是他可以偶然做了皇帝，所以他也儘可偶然不做了皇帝。同樣，人家也只是偶然未做著皇帝。他更不知道在智慧之國裏，只有最笨拙的人，纔可以做皇帝。而且還只有腦子裏最沒有了皇帝的人，纔可以做最好的皇帝。他問道：「對著他這皇帝的是什麼人？」那眞是不知不識的問，就只有不識不知的回答了。

兩兩未能契合：「一個是見之不見，逢之不逢，遇之不遇」；「一個是不見之見，不逢之逢，不遇之遇」。前者是武帝自道，後者是達摩行程。

達摩纔渡了海，現又渡了江。他到拓跋氏的魏國去，但他卻並未離開著一個智慧的國。在拓跋氏的國中，他沒有露面。但在智慧的國裏他等於留下。他路過那時魏國裏的少林寺，他於是留於寺中，不再行走了。他明知渡了海，又渡了江，還能更渡著什麼呢？眼面前是一座墻壁。不必逾墻而走，就只好正墻而立。不必破壁而入，就只好面壁而休。於是他便坐下了，面壁九年。終於得到了一個徒弟，傳了他的法，也傳了他的道。他因此彼人稱爲「面壁婆羅門」。只這面壁就是他的法，只這面壁就是他的道。一面壁，便一切放下來。一面壁，便一切留下來。一面壁，便一切靜下來。只要放下你的心，就可留下你的心。只要留下你的心，就可靜下你的心。於是一面壁便心安理得。於是一面壁便天清地寧。人世通達，應無面壁之人。但雖無面壁人，亦不妨作面壁想。此理無碍，當捨面壁之事。但雖捨面壁事，亦不妨作面壁觀。就這樣達摩終於行了他的法，傳了他的道，更接得了二祖，作了門徒。

風聲是如此傳遍了南北。梁武帝又把這事去問志公：

志公云：「陛下還識此人否？」

帝云：「不識。」

志公云：「此是觀音大士，傳佛心印。」

於是武帝大大地懊悔了，他想立即派人去請那達摩再回來。

志公云：「莫道陛下發使去取，闔國人去，佗亦不回！」

不回，永不再回。一經去了的，又怎麼會再回來？莫說再回不值半文錢，就是再回來，也一切分明是兩樣了。萬古千秋，剩下來的只是回憶。如果再回，又何來回憶？再回固然是好事，但「回憶」不更是美妙麼？「再回」會只是一種風流，但「回憶」卻成了一種神化。要知讓一切神化著，不更美妙了麼？

對以上的事，雪竇顯和尚還有以下的頌：

「聖諦廓然，何當辨的？對朕者誰？還云不識！因茲暗渡江，豈免生荊棘？闔國人追不再來，千古萬古空相憶。休相憶！清風匝地有何極？師顧左右云：這裏還有祖師麼？自云：

有，喚來與老僧洗腳。」

這頌頌得好，那是知道了達摩的心事，也是明白了達摩的行跡。達摩渡海來，到達了一個智慧的國，原只望供人呼喚，但畢竟無人呼喚他。他也原想在這一智慧之國，有些行跡，但渡海來，渡江去，一面壁，便九年。這又如何能有行跡？只不過行跡，雖難說有，亦難說無。達摩是在來去裏，達摩是在有無中。有來則無去，故達摩長在。有去則無來，故達摩已矣。關於達摩的行跡，那是可以用下列的語句作結的：

「爲親智慧國，渡海見其帝。帝問非常情，帝問是聖諦。如何是聖諦第一義，此是眞問題，亦是眞遊戲。對一智慧者，此乃傷心事。既爲智慧國，理應是常義，將心放下來，誰識大皇帝？凡人眞何如？聖人眞何似？心體已廓然，即是眞智慧。廓然無聖豈無聖？何用問誰對皇帝？不識不識誠不識，不識自己不識帝。不識永遠是不識，離去就此眞離去。纔渡海來又渡江，渡江到達拓跋魏。智慧國既不能留，非智慧國何能去？一身天外來，兩眼望天地。天地無所留，留下少林寺。有壁面九年，不須留一字。偶然遇其徒，斯心得所寄。斯道有擔承，斯命原可棄。一意待人來，一聲長去矣。誰知南國中，皇帝又多事。轉去問志公：達摩是何意？越問越糊塗，越問越無味。不識達摩人，只識觀音士。一聞達摩即觀音，便欲請來，遣使去！只不過『闔國人追不再來，千古萬古空相憶』；行雲流水無已時，達摩一去無行跡。皇帝見之如不見，皇帝既識如不識。風清月白是常情，常情常情何可極？要知達摩意，應識達摩事。達摩無語不問天，達摩面壁凡九年。九年九年皆面壁，到此如何有行跡？」

二、德山的來勢

「乾坤窄，日月星辰一時黑」，果眞如此，要如何纔能衝出去？三祖《信心銘》云：「至道無難，唯嫌揀擇，但莫愛憎，洞然明白。」纔有揀擇，便有愛憎，纔有愛憎，便難明白。只是有言語，就有明白。有明白，就有愛憎。有愛憎，就有揀擇。儘有人會在揀擇裏，也儘有人會在明白裏。但這難道不可以打成一片麼？古人道：「打成一片，依舊見山是山，水是水，長是長，短是短，天是天，地是地，有時喚天作地，有時喚地作天，有時喚山不是山，水不是水。畢竟怎生平穩去？」其實揀擇得了，儘會平穩。明白得了，也儘會平穩。僧問香嚴：「如何是道？」嚴云：「枯木裏龍吟。」僧問：「如何是道中人？」嚴云：「髑髏裏眼睛。」後有頌云：

「枯本龍吟眞見道，髑髏無識眼初明；喜識盡時消息盡，常人那辨濁中清？」

其實喜得平穩，就揀操得平穩，於是枯木便作龍吟。其實識得平穩，就明白得平穩，於是髑髏也有眼睛。只平穩就是自在。只平穩就是清明。只平穩就不會不安。只平穩就會有個入處。爲什麼要去日面佛、月面佛呢？爲什麼要問「五帝三皇是何物」呢？禪月《題公子行》云：

「錦衣鮮華手擎鶻，閑行氣貌多輕忽；稼穡艱難總不知，五帝三皇是何物？」

要知在青天白日之下，你不好指東劃西，五帝是五帝，三皇是三皇，五帝會儘揀擇得平穩，三皇會儘明白得平穩。平懷順應，舉手千斤，一切是平平穩穩，一切是沉沉重重。

本上所述，我人就要來說一說德山的來勢。

德山和尚原本在四川西部一個地方宣講著《金剛經》。什麼是金剛呢？金剛是一個比喻。那是比喻著一個人入了定以後，得了智慧，再把佛的威容儀態學習著，這須得經過一千劫，又把佛的末節細行學習著，這須要經過一萬劫，然後才可以成佛。德山和尚當時心目中的佛，是如此難成，卻不料那時南方一些人卻說「即心是佛」，這在德山當時看來，簡直是著了魔。於是發憤起來，收拾行李，向南方而去，要破除那一批著了魔的人。他是如此勇猛銳利，他這一起程欲去之勢，對人們就是「山雨欲來風滿樓」之勢。

德山和尚最初到了澧州。路上看見一個老婦人賣油糍。於是他便放下行李，說要買油糍當點心吃。老婦人首先問他行李中有些什麼？他說那是《金剛經疏鈔》。於是，老婦人說：「我有一問，爾若答得，布油糍作點心。若答不得，別處買去。」

德山說：「但問。」

老婦人說：「《金剛經》云：過去心不可得，現在心不可得，未來心不可得。上座欲點哪個心？」

德山對這一問題回答不出，默默無語。老婦人便叫他去訪龍潭。當他到了龍潭，一進門便說：

「久嚮龍潭，及到龍潭，潭又不見，龍又不見。」

於是龍潭和尚從屏風後露了身，見了面。晚上德山進到室內，站在旁邊，等到深夜，那龍潭和尚纔說了一聲：

「何不下去？」

德山小心地把門簾揭開，跑出去。看見外面黑暗，又回來。說道：

「門外黑。」

龍潭和尚便點燃了一個紙燭交給他。他剛好接過來，龍潭和尚又吹滅著那個紙燭。這便使德山大悟了。第二天，龍潭和尚上堂說道：

「可中有箇漢，牙如劍樹，口似血盆，一棒打不回頭，他時異日，向孤峯頂上，立吾道去在。」

於是德山在那法堂前，就將《金剛經疏鈔》取出，舉起一把火，說道：

「窮諸玄辯，若一毫置於太虛。竭世樞機，似一滴投於巨壑。」

終於燒了那些書。德山的這一來勢，那分明又是斬木揭竿而起之勢。久居在西川，窮年講著經典，騰爲口說，於身心不能受用，行至中途，肚子餓了，也只好向一老婦人討油糍作點心。但一經向此心一點，即知昔日的空空洞洞，無以自持，遂歸默默。其來時挾滿腹經典而來，至此密雲不雨，困頓不堪。行至龍潭，亦自有其咆哮如雷之勢。但經人一說「何不下去」之際，他一出門，就見到「門外黑」。要知春雷必須動土，而萬物始生，天道必須下行，而人道始見。你不下去，又待如何？此道光明，總須徹上徹下，徹內徹外。上截明，下截暗，門內光，門外暗，這如何使得？全憑紙燭，則紙燭隨時可被吹滅。當吹滅時，門外便更黑了。在這裏，你有心中的太陽，爲什麼不用呢？經典之於人心，實不過是紙燭而已。人心一明。紙燭不是可以擱置了嗎？到此，德山想不斬木揭竿而起，也是不可能的。此之謂：「有箇漢，牙如劍樹，口似血盆。」是奇特的漢子，就得有奇特的行徑。所謂「出群須是英靈漢，勝敵還他獅子兒」，是英靈總要奇，是獅子總要吼。當德山一吼時，火炬便被舉起，而《金剛經》也就被燒毀了。他了然於紙燭的無用，他了然於玄辯的無補，他了然於樞機的無功。但於此，他又昧然於無用之用，無補之補，和無功之功。此之爲「一棒打不回頭」。

英靈會越打越奇，獅子會越打越吼。奇特歸於平穩，吼聲合乎韻律，這要經過多少的打擊？這要經過多少的工夫？不到孤峯頂上，縱身一躍，盡情一吼，總是無由下到平地的！吼聲如雷，一味要吼，但終不奈龍潭一默。斬木揭竿，一味要奇，但終不出龍潭所料。異時他日，立吾道者，果是此人。此之謂奇得緊，吼得眞，而人之視己，亦復看得親切，料得分明。

德山終於又到了潙山和尚那裏。那是因爲德山聽到潙山的盛德大化的緣故。

德山一直到潙山處，背上的行李也不放下來，就去那法堂之上，從東邊走到西邊，又從西邊走到東邊，看了一看，說聲「無無」，就出去了。德山當然不是瘋癲，也當然不是做作。德山會只是自以爲「一眼看穿」，「一眼看破」，所以便出。德山的這一來勢，那眞是一個排山倒海之勢。

漢高祖貧賤時，呂公做壽，他竟揚言賀萬錢，而直坐上座，那只是旁若無人。德山這時背上包袱也不解下，就從法堂東走到法堂西，又從法堂西走到法堂東，那已是旁若無法。一個是英雄本色，一個卻是豪傑行徑。每個人都有其一個特有的宇宙，每個人都有其一個特有的場面。這特有的宇宙，是完整的。這特有的場面，是完整的。但當它印入秋潭中，它只是個影子。又當微風吹過時，它就零亂了。加以靜夜的鐘聲，輕輕叩來，秋潭越是靜寂，那影子越是慌張。到這裏，奇特是什麼？玄妙是什麼？吼聲是什麼？作爲是什麼？而且那排山倒海之勢，又是什麼？這些都是不關秋潭了。

溈山只是秋潭。他只是平穩，他只是安祥，他只是冷冷，他只是閒閒。他讓一切在他那裏成功一個影子，而又讓影子在他那裏零亂慌張。在他那裏儘可以乾坤一擲，那又何有於倒海排山呢？

德山挾排山倒海之勢而來，儘管旁若無人，更旁若無法，說聲「無無」而出。但溈山應之冷然，一切在其智光垂照之下，皆是清清楚楚，洞見肺肝。德山之來，旁若無人。而溈山對此旁若無人之人，卻更若無其人。德山之勢，旁若無法，而溈山對此旁若無法之事，卻更若無其事。高一著就高一著。怎樣來，就怎樣應。只應之冷然，就一切無事。德山說聲「無無」，原是無地，無天，只是風浪。但在溈山之下，一轉而爲無風無浪，又是青天。此經冷眼人視之，全形畢露，其破敗是無可掩飾的，因之雪竇禪師便在旁說道：

「勘破了也！」

照理，一勘破便是被擒。德山以排山倒海之勢而來，本應以土崩瓦解之勢而去。但至門首，他卻能帶得住，所以究竟是英靈漢，是獅子兒。

德山重整一番，又是全師而進。他自言自語道：「也不得草草。」

於是他更威儀𢢽𢢽再與溈山相見。這時他是以翻天覆地之勢而來。

只是天翻了，不干溈山的事。地覆了，也不干溈山的事。溈山自溈山，德山自德山。溈山的天地，不是德山的天地。那裏儘管天翻地覆，這裏卻儘是天清地寧。那時候，溈山是坐得穩穩的。但德山卻是提起坐具，說聲「和尙」。溈山想取那拂子，德山便喝，拂袖而出。這是天倒下，地倒下，但倒下的並不是溈山的天地。溈山只是冷冷清清，冷然應之。你儘管拏雲攫霧，他只是晨露閒覷。只要一覷，你便破敗。這對一冷眼在旁之人，也會是看得分明的。因之，雪竇又從旁說道：

「勘破了也。」

奇特儘管是奇特，但平穩畢竟是平穩。只要揀擇得平穩，你便安閒。只要明白得平穩，你便冷冷。溈山儘管初初會不在德山眼下，但德山終於是在溈山光照之中。要知任何人總不會是旁若無光的，因爲要是旁若無光，那只是閉上眼睛而已。這不是明眼人的事情。德山以翻天覆地之勢而來，在溈山再一度應之冷然後，便只能以寂天寞地之姿而去。

德山背卻法堂，穿著草鞋便走。

但就這樣讓德山消聲匿跡，眞個走了麼？要知「勘破」就是被擒，被擒就不能遠走。而且走來走去，不出掌中，總是不會沒有去向的。到這裡，奇特的，就不能不再歸於平穩。但所謂平穩，那是要在揀擇裏歸於平穩，那是要在明白裏歸於平穩。平穩是百鍊千搥以後方有著的事，平穩不是消聲匿跡就可以了卻的事。

當人們說起德山背卻法堂，著草鞋出去時，潙山又冷然說道：

「此子已後向孤峯頂上，盤結草庵，呵佛罵祖去在！」

只是冷然，只是冷冷。排山倒海以來，是冷冷。翻天覆地而來，是冷冷。在這裏是山高海深，在這裏是天清地寧。在這裏是平平穩穩，在這裏是冷冷清清，儘有一派清光，照徹一切。德山孤峯結草，亦在照中。到這裏，德山的來勢如何，全可不管。在那裏，德山的歸宿如何，不可不知。雪竇於此又著語云：

「雪上加霜。」

要知雪上加霜，更是冷冷。要知雪上加霜，更是平平。冷然善矣，歸於平穩，德山的來勢奇特，德山的歸宿平穩。

但爲什麼德山在孤峯頂上還要呵佛罵祖呢？其實這不過是孤峯頂上一點平地風波。有揀擇裏的平穩，也有明白裏的平穩。這還須要沉重！

三、雲門的敲門

——萬象之中獨露身，惟人自肯乃方親，昔時謬向途中覓，今日看來火裏冰。

——大智修行始是禪，禪門宜默不宜喧，萬般巧說爭如實，輸卻雲門總不言。

有人說：「盡大地撮來如粟米粒大。」這原不稀奇。一粒粟米本來就攝盡了大地，如果還沒有攝盡大地，便根本沒有熟透，便根本沒有完成。

有人說：「百花春至為誰開？」這當然是為我開。我心不在，花豈能在？我眼不開，花豈能開？誰家門戶關得緊緊，紅杏必然出牆。只有這樣，纔是花開為人，而非為我。

雪峯和尚在鼇山阻雪，謂巖頭和尚云：我當時在德山棒下，如桶底脫相似。巖頭喝云：儞不見道，從門入者，不是家珍，須是自己胸中流出，蓋天蓋地，方有少分相應。雪峯忽然大悟。只是此一故事，也並非說是不由門入。誰能入不由戶？由門戶以入，就可由胸中以出，而由胸中以出，亦正可由門戶以入。

上述撮來大地，原為完成，開盡百花，終為一己，而一己之由門而入，蓋亦事不容己。

本此以言雲門的搞門，其能露身，其能不言，亦皆由此。

雲門和尚初初參見睦州和尚，幾次三番後，纔搞門。

「誰？」睦州和尚問。

「文偃。」雲門將自己的名字說出來。

當睦州和尚纔把門打開時，雲門便跳進去。睦州於是把他拿住，說：

「道道。」（你說，你說）

雲門想回話，卻被睦州推出去，但一雙腳卻陷在門檻內。睦州立即關上門，拶折了雲門的腳。雲門忍著痛楚，叫了一聲，忽然大悟起來。

第一、雲門所悟，會似一被推出，就露身在外。只是露身在外，要露得乾淨，有一隻腳在門檻內，就成了一個絕大的拖累。

第二、雲門所悟，會似全露在外，便成隔絕，只一隔絕，便是完了。門內門外，究須通達，有一腳在內，雖成拖累，但究能聯得起。

第三、雲門所悟，會似聯得起來，終須拶折。但此一拶折委實痛苦。只是痛苦在我，還是痛苦在人？痛苦在內，還是痛苦在外？門已被睦州關上，我已被睦州推出，則我腳之痛，應非我身；門內之苦，應非門外。只不過畢竟是苦在我身，痛徹戶外。此何以解，必須有悟。

第四、雲門所悟，會似悟得到時，已至平常。門有內外，身無內外。身有內外，心無內外。痛苦雖深，但不入我心。推之在旁，只叫一聲，即便呼之欲出。於紛繁中，打上一棒，推上一推，折了一折，分明是大大的簡單化了。

雲門後來又在陳操尙書家裏住了三年。睦州又指導他去雪峯和尙處。他到了那裏就在大庭廣眾中問：

「如何是佛？」

雪峯和尙回答道：

「莫寐語！」

雲門一聽了，便下跪下拜。從此又在雪峯那裏住了三年。有一日，雪峯問雲門道：

「子見處如何？」

雲門回答說：

「某甲見處與從上諸聖，不移易一絲毫。」

試想：千古聖賢，千言萬語，說了又說，究竟說些什麼？那還不是說：要把世界安排，就須得要把身心安排。把身心安排，就須得要把生活安排。但要把生活好好地安排，又須得要把身心好好地安排。把身心好好地安排，又須得要把世界好好的安排。只不過世界是安排得了的麼？身心是安排得了的麼？生活是安排得了的麼？如果安排得了，古人早已爲我們安排得好好的了，又何待我人更來操心。但如果眞是不能安排得了，則人類早已滅絕，又何能更有我們？要知這裏儘有一種不安排中的安排。這本來不須安排，但又從來亟須安排。一切簡單化了，便一切有了光輝。一切有了光輝，便一切有了照應。一切有了照應，便一切有了安排。這便是不安排中的大安排。這話原是說了等於沒有說，但諸聖所說所見，又豈會離開這個？穿衣吃飯，既是一般；所見所說，應無移易。雲門說他所見與從上諸聖，不移易一絲毫，由雲門的搞門，由雲門的被推，由雲門的折足，由雲門的禮拜，就可知其不是虛言。因有實功，就無虛語。雲門實無虛語。但在此以前，雲門雖無虛語，卻分明有了寐語。他本極平實，但總覺平實之上，必有東西，所以他便這裏住了三年，那裏又住了三載。他一見雪峯和尙，就問如何是佛？其實雪峯是人，雪峯焉能知佛？雲門是人，雲門何須問佛？如眞須問，亦等同問天問地，故成寐語。要知搞門問人，只能問安問好，能作家常談話，便是至親至切。相與至親至切，便是至玄至妙。聖佛於此，總是平平。

雲門的搞門，搞來搞去，初初是搞得痛楚，終於是搞得親切了。一親切了，他便完熟了；一親切了，他便無言了。在萬象之中，他獨能露身，因爲他有他特有的親切。在萬般巧說之中，他總是不言，因爲他有他特有的親切。他能搞門，所以他從門而入。他能親切，所以又從胸中流出。他是悟得親切。據載：

靈樹和尚三十年不請首座，常云我首座生也。又云我首座牧牛也。復云我首座行腳也。忽一日令撞鐘，三門前接首座。眾皆訝之。雲門果至。便請入首座寮解包。靈樹入號曰：知聖禪師，過去未來事皆預知。一日廣主劉王將興兵，躬入院，請師決藏否。靈樹已先知，怡然坐化。廣主怒，曰：和尚何時得疾？侍者對曰：師不曾有疾。適封一合子，令俟王來呈之。廣主開合，得一帖子云：「人天眼目，堂中首座。」廣主悟旨，遂寢兵。

以後雲門就被請出世住靈樹。雲門和尚住在雲門，那是更在以後的事。靈樹和尚過去未來皆能預知，一想到要死時，他便怡然坐化而死。他是智光貫頂，明明白白。但明明白白，雖可以首出，不請首座；只是一遇親親切切的來人，他就不能不去三門前迎接，請其入首座寮解包。由揀擇而明白，由明白而揀擇。但跳出此揀擇與明白者，惟有親切。

有一天劉王請雲門到他那裏度夏歇著，還有其他的高僧，都在姓劉的王那裏說法。只有雲門一人不說一句話，也沒有人去親近他。他只是默默。但是默默中，自有揀擇，自有明白，因之另有親切。所以就有一位直殿使在碧玉殿上題了一首詩，說是「輸卻雲門總不言」。他這一「不言」，其實也不過是沒有什麼可說而已。無可說，就不說，再要說，就只得勉強說。雲門有時也勉強說來，但那也只有一個字，最多三個字，即所謂一字禪或三字禪。譬如：

僧問：「殺父殺母，佛前懺悔，殺佛殺祖，向什麼處懺悔？」

雲門云：「露。」

僧又問：「如何是正法眼藏？」

雲門云：「普。」

要知桃葉裏的蟬聲，花瓣裏的清露，那是悠揚到了極點，那是簡化到了極點。殺佛殺祖，向什麼處懺悔，這還要問麼？這用得著問麼？這容得著問麼？露珠點點，點點有光。光光相映，相映何如？如此一題，一字自了。

再說正法眼藏。那當然是一個普遍化。既是普遍化，那就平常極了。所以只要說一個普字。

雲門有一個大徒弟，後來也成了大宗師。他名叫香林遠。這香林遠在雲門那裏做了十八年的侍者。雲門接見他時，總只是叫一聲：

「遠侍者。」

這香林遠也總是回答一聲：

「諾。」

雲門於是也只再問一聲：

「是什麼？」

香林遠無言以答，就這樣過了十八年，一日方悟。雲門於是說：

「我今後更不叫汝。」

要知十八年的呼喚，是如何親切？十八年的諾諾，又是如何的親切？更何況又經十八年「是什麼？是什麼？」的不斷提醒，這如何能不了悟？香林遠之與遠侍者，原不關聯。但不關聯的，也終於關聯了。遠侍者之與香林遠，原極關聯。但極關聯的，究不關聯。這原極平常，惟因其不識平常，竟花上了十八年的呼喚，十八年的諾諾和十八年的提斯。如非雲門親切，猶難到此「平常」。箭一發出，再歸原處，此誠不易。惟箭有落處，即此落處，便是原處，又豈非至易？百花春至，原爲「我」開。我是什麼？「我」就是「百花春至」。此於遠侍者，又何獨不然？於此一有所悟，自然要如雲門所言「我今後更不叫汝」了。

雲門垂示於人的話是：

「十五日以前不問汝，十五日以後道將一句來。」

這句話，原本是家常話，但參禪的人，因爲參慣了禪，卻偏偏摸不著頭腦，終於雲門又自言自語，道出如下的一句話來：

「日日是好日。」

要知十五日以前不問汝，那只是默默無言。默默無言，便無千差萬別。無千差萬別，便一視同仁，只有親切。於此揀別也用不著，明白也用不著。明白是像鏡一樣的照著萬象，揀別是像萬象一樣的對鏡起著作用。到揀別和明白都用不著時，這便是「照用同時」。照用同時，便「理事不二」。理事不二，便「卷舒齊唱」。卷舒齊唱，便「權實並行」。「十五日以前不問汝」，是「實」。「十五日以後道將一句來」，是「權」。實既默默無言，「權」自所言是一。這「一」就是簡單化到了一點。既只一點，自只用道將一句來。這只用一句話，會只是表明一切都有了安頓，有了安排，也表明著一切都本有安頓，本有安排，所以就有了安頓，有了安排。既有了安頓，有了安排，便自然會「日日是好日」。而且本來「日日是好日」，無安頓，無安排，還不是「日日是好日」？日子總是要過的，既是要過的，就會是好的。安頓與不安頓並行，安排與不安排統一，於是好日子與非好日子同過，這正是一種美學的發展。所以「日日是好日」。雪竇和尚於此頌道：

「去卻一，拈得七，上下四維無等匹。徐行踏斷流水聲，縱觀寫出飛禽跡。草茸茸，煙冪冪，空生巖畔花狼藉。彈指堪悲舜若多，莫動著，動著三十棒。」

七是多。去了一，就是多。「多之爲美」，多則萬象森然。於是「日日是好日」，便是「華嚴世界」。流水聲長，徐行可斷。飛禽跡空，縱觀實有。舜若多意爲「虛空神」。既日日是好日，則虛空之神，自堪悲嘆。生活的本身是美麗的，生存的本質是眞實的，因之，生命的善，生命的可貴和生命的神聖是不容疑議的，不得動彈的。你一動他，你便須著棒！白日青天下，你不能含糊，不能疏忽！既是人世，就會「日日是好日」，生命的給人愛好，人間的給人親切，對這「日日是好日」，就是一種最好的頌辭。

雲門於搞門之後，獲得親切，因示人以「日日是好日」。當人問他「如何是一代時教？」之時，他更回答道：

「對一說。」

這眞是「高明的想著，簡單的活著」之言。因簡單化而來的是一本，是一致，是一統。一本是善，一致是眞，一統是美。而於這一本、一致、一統上，復有其一個太一。但由這太一而來，又正是一個簡單化。從這裏立言立說，這便是一代的時教。

只是雲門又被老僧追問了：

「不是目前機，亦非目前事，如何？」僧問。

「倒一說！」雲門答。

那就是翻過來。翻過來，就是多，就是變，就是分化，就是分殊。由此而分析，分工，這終究也是一個世界。「就這也是一個世界」去說話，而默默中以一代時教，隨波逐浪，勿太孤絕，求於拆散拆毀之勢，可以稍殺。則「殺人刀，活人劍」，固然是上古的風規，也正會是今時的樞要。此之謂「倒一說」。

所謂倒一說對一說，那只是橫說豎說。

雲門搞門之後，只是默默，只是親切。所以橫說豎說，儘管無妨；一字兩字，也眞足夠。

四、趙州的門

趙州禪師，當其他的一個和尚問他「如何是趙州？」時，他從容回答道：

「東門西門南門北門。」

對趙州問如何是趙州，這如同對某甲問如何是某甲。要知這某甲是一大虛空，又是一大眞實。對這一問題，是只好把它敞開來，有如讓東門西門南門北門，都一齊敞開來。但對這一問，也只好把它關起來，有如把東門西門南門北門都一齊關起來。如此大開，又復大合。我之爲我，便在其中。某甲如此，趙州亦然。趙州非他，趙州是一個人名，是一個人。但趙州亦復是一地名，是一種境。這是一個人物，又是一個境界。是一個人物，就有一種境界。有一種境界，就有一個人物。此境是大開大合，此人亦復是大開大合。只一大開，便是無邊無際。無邊無際，是一大虛空。只一大合，便是永恒永在。永恒永在，是一大眞實。據載：

「有一外道，手握雀兒，來問世尊，云：且道某甲手中雀兒是死耶？是活耶？世尊遂騎門閫云：儞道我出耶入耶？（一本云：世尊豎起掌頭云：開也合也？）外道無語，遂禮拜。」

開耶合耶？在門。死耶活耶？在手。出耶入耶？在我。東門西門南門北門在手，而手在我。我在何處？那分明又是在大開大合之間，在無邊無際與永恒永在之中，亦即在一大虛空與一大眞實之內。一切都屬於我，我是我所，所以是一大眞實。但我又屬於一切，我非我所，所以又是一大虛空。惟我是我，我所與非我所，固皆由我。我有我手，我手有門，東門西門南門北門，開合自在。人境兩忘，語言道斷。一問一酬，顯出趙州。

趙州常喜語云：

「至道無難，唯嫌揀擇。」

這是大開之論。一日，趙州靜靜地坐著，侍者走來報告他，說：

「大王來也。」

趙州矍然，立即說道：

「大王萬福。」

侍者見他如此，這纔說道：

「未到，和尚。」

趙州也管不了這些，只說：

五、黃蘗的罵

僧問洞山：「如何是佛？」

洞山云：「麻三斤。」

麻三斤，秤一秤。更續他一續，作成布，或搓他一搓，作成繩。這就是生活。

生活原是遲鈍的。只不過：

「金烏急，玉兎速，善應何曾有輕觸？（雪竇頌）」

旭日東昇，急急而上。明月東上，一剎時昇。出入青空，普照大地；不分晝夜，頓成古今。太陽起來了，我們就起來。明月出來了，我們躑躅著。同樣我們起來了，太陽也就昇起了。我們躑躅著，明月也就跟來了。有感即應，大感大應，小感小應，善感善應，不感不應，一切絕不能輕輕觸著。在生活上，搏兎必須用獅子之力，何曾有一事可以輕觸，可以隨便，可以馬虎？因之生活的遲鈍，就是生活的沉重，就是生活的莊嚴，就是生活的華貴！

生活原是笨重的。只不過：

「展事投機見洞山，跛鼈盲龜入空谷。」（雪竇頌）

大智是從大愚裏來，大巧是從大拙裏來。而大機大用也正是從無機無用裏生出的。蛛絲儘管輕巧，麻三斤儘管笨重，但在人間，展事投機，洞山之意在麻，麻之意便是佛意。跛了的鱉，行得多遠？盲了的龜，看見什麼？空空的行，空空的見，自只有空空的歸宿，那就是一個空谷。只有輕巧的，才會入於空谷。只有跛了盲了的，才會自以爲輕巧。

生活原是粗冷的。只不過：

「花簇簇，錦簇簇，南地竹兮，北地木。」（雪竇頌）

南山之竹，英姿挺秀。北山之木，亮節清風。更何況又向花簇簇間出數尖，並於錦簇簇中露筋骨。此等事，人只見其瀟瀟灑灑，堂堂皇皇，又見其花花綠綠，十色五光。殊不知當竹爲筍，筍纔出土，土復是礫時，豈非甚粗？當木爲苗，苗須越冬，冬復是雪時，豈非甚冷？只有厭粗怕冷，未能出土越冬的，才會不識三春，不知錦繡。

生活原是辛酸的。只不過：

「因思長慶陸大夫，解道合笑不合哭。咦！」（雪竇頌）

據載：「陸亘大夫，作宣州觀察使，參南泉，泉遷化。亘聞喪入寺，下祭。卻呵呵大笑。」院主云：「先師與大夫有師資之義，何不哭？」大夫云：「道得即哭。」院主無語。

亘大哭云：「蒼天蒼天，先師去世遠矣。」後來長慶聞云：「大夫合笑不合哭。」要知人生會只是辛酸的工作。但善其生者即所以善其死。生死可愛，人間可親。工作的意義是酬謝，是報答。因之生活就不能不是辛酸的。酬謝好了，便是笑。報答好了，便不合哭。對生活而言，要來就來，要去就去，因之要生就生，要死就死。要不沾滯才是生活，拖泥帶水就不是生活。生活是辛酸，正是生命的淨化。生命的淨化，就是不拖泥帶水，就是不沾滯。到這裏自只有合笑不合哭。到這裏，死是什麼呢？你儘可「咦」的一聲自己作主。只自己能夠生作主，死作主，就是聖佛。

本上所述，麻三斤，就是生活，就是佛。生活是遲鈍，是笨重，是粗冷，是辛酸。佛是「殿裏底」，是「三十二相」，是「杖竹山下竹筋鞭」。但遲鈍，笨重，粗冷，辛酸，就是殿裏底，就是三十二相，就是杖竹山下竹筋鞭。於此，便要說一說黃蘗的罵。

有生活，就不能不有罵。誤解了生活，要罵。歪曲了生活，要罵。生活的誤解是迷。生活的正解是悟，生活的歪曲是魔。生活的正途是道。但生活的本身則是一張白紙，可以題詩，可以作畫，可以製曲，可以參禪。黃蘗禪師有一次對眾宣示道：

「汝等諸人，盡是瞳酒糟漢。恁麼行腳，何處有今日，還知大唐國裏無禪師麼？」

在我國唐朝的時候，人家愛罵人作瞳酒糟漢。凡是這樣罵人的，人家多喚作黃蘗罵。

生活不能糊塗，生活更不能胡混。瞳酒糟，既糊塗，又胡混，挨排過日，過去的已經早早過去，未來的會是茫茫未來。只今日，是過去了，還是未曾來？當你瞳著酒糟說聲今日時，何處會有今日，何事會有今日？大家都生活著，誰會知道生活？誰能知道生活？既然生活都不會給人知道，都不能給人知道，那就是分明在那樣一個輝煌的大唐國度裏，不也是沒有了禪師麼？

但黃蘗實實是一位禪師，他身長七尺，額上長著一個圓珠，他會談著禪，是出乎天性。有一次黃蘗在天臺遊玩，路上遇到一個僧人。他和這僧人談笑起來，竟像是多年的相識朋友。他把這僧人定睛細看，看出這僧人目光射人，相貌甚是奇異。於是兩人一道走著。剛好溪水暴漲著，阻擋了行進，於是黃蘗把手杖插起來，把斗笠拿下來，就站在那裏。那僧人卻要拉著他一同渡過暴漲的溪水。黃蘗說：「就請你渡去吧。」那僧人立即掀起衣裳，在水波之上，像走平地似的走去了。還回頭說道：「渡來，渡來。」黃蘗便咄罵著：

「這自了漢，吾早知捏怪，當斫汝脛。」

於是那僧人聽了，也就嘆道：「眞大乘法器。」說完這話，那僧人就不見了。

對瞳酒糟漢，黃蘗要咄罵著。對這在水波上行走的，黃蘗也要咄罵著。這因爲生活是清明的事，又是平常的事。

溪水暴漲，一會兒就會過去的。就等一等，站立一會兒，讓暴漲的溪水，自去自消吧。在水波上，渡過暴漲的溪水，那是非常的事，那也是失常的事。未能架橋或擺渡，讓人人都可過去，而只能一人獨自波上行走，如履平地，那是奇特的事，那也是自了的事。失常不是生活，自了不是好漢。而以此誘人同渡，便同妖怪。故不以此有動於衷，自屬上乘。

黃蘗初到百丈禪師處，百丈就問他道：

「巍巍堂堂，從什麼處來？」

黃蘗云：「巍巍堂堂從嶺中來。」

百丈云：「來爲何事？」

黃蘗云：「不爲別事。」

巍巍堂堂是不平凡。「不平凡」自然是崎嶇不平的嶺中來。既是從崎嶇不平的嶺中來，來了就是平地，那還會爲了別事麼？生活是巍巍堂堂的事，生活也是平平常常的事。能到了平平常常，就是行過了巍巍堂堂。

第二日，黃蘗便向百丈禪師辭行要走。

「什麼處去？」百丈問。

「江西禮拜馬大師去。」黃蘗答。

「馬大師已遷化去也。」百丈說。

「某甲特地去禮拜，福緣淺薄，不及一見，未審平日有何言句？願聞舉示。」黃蘗說。

於是百丈便把他自己參見馬祖的一段事說給黃蘗聽。說是：

「馬祖見我來，便豎起拂子。我問云：即此用，離此用。祖遂掛拂子於禪床角。良久。祖卻問我：汝已後鼓兩片皮，如何爲人？我取拂子，豎起。祖云：即此用，離此用。我將拂子掛禪床角。祖振威一喝，我當時直得三日耳聾。」

黃蘗聽了百丈如此敘述，便不知不覺地悚吐出了舌頭。以後黃蘗的罵，實實是由於他的師父百丈禪師所述的這一喝。

行過了巍巍堂堂就到達了平平常常。到達了平平常常，就須得振威奮發。這時，要心存萬古，氣吞雲霓，指呼人天，掌握命脈，始是生活的本領。即此用，離此用，此是說法。擱下來，大聲喝，這是自處。只是說法，如何爲人？必須大喝，始是爲己。這纔是生活的道理。必須有生活的本領，始能罵人。必須有生活的道理，始會罵人。罵是什麼？那是：

「凜凜孤風不自誇，端居寰海定龍蛇。」（雪竇頌）

有時候，孤峯之頂，獨立自如。有時候，鬧市之中，橫身自在。凜凜孤風，謙謙令德，如有人來，一入我門，即知是龍是蛇，並能擒虎擒兕。所謂「定龍蛇兮眼何正？擒虎兕兮機不全」（雪竇句）。這定龍蛇之眼一瞪，就是罵，這擒虎兕之機一揮，就是罵。罵可讓生活的誤解歸於正解。罵可使生活的歪曲，歸於正途。這讓迷成悟，讓魔成道的，是罵。這能罵會罵的，就是師。

黃蘗不僅能罵會罵，而且是能以掌打人，又善以掌打人。據《續咸通傳》中載：

「唐憲宗有二子，一曰穆宗，一曰宣宗。宣宗乃大中也。年十三，少而敏黠。常愛跗趺坐。穆宗在位時，因早朝罷，大中乃戲登龍床，作揖群臣勢。大臣見而謂之心風。乃奏穆宗，穆宗見而撫嘆曰：我弟乃吾宗英胄也。穆宗於長慶四年晏駕。有三子，曰敬宗，文宗，武宗。敬宗繼父位二年，內臣謀易之。文宗繼位一十四年。武宗即位常喚大中作痴奴。一日武宗恨大中昔日戲登父位，遂打殺致後苑中。以不潔灌而復甦，遂潛逃至香嚴閑和尚會下。後剃度爲沙彌，未受具戒。後與志閑遊方到廬山，因志閑題瀑布詩云：穿雲透石不辭勞，地遠方知出處高。閑吟此兩句，佇思久之。欲釣他話脈看如何。大中續云：『溪澗豈能留得住？終歸大海作波濤。』閑方知不是尋常人。乃默而識之。後到鹽官會中，請大中作書記，黃蘗在彼作首席。蘗一日，禮佛次，大中見而問曰：不著佛求，不著法求，不著眾求，禮拜當何所求？蘗云：不著佛求，不著法求，不著眾求，常體如是。大中云：用禮何爲？蘗便掌。大中云：大麄生。蘗云：這裏是什麼所在？說麄說細！蘗又掌。」

在生活的禮拜裏，說「用禮何爲？」就須要以掌去打。在生活的殿堂裏，說粗說細，就須要再以掌去打。天子不是痴奴，不會招來這種掌。但未經招來這種掌，痴奴也難成天子。

雪竇於此續頌云：

「大中天子曾輕觸，三度親遭弄爪牙。」

黃蘗就這樣用他的罵以至他的掌，完成了自己，也完成了人們。

當黃蘗罵人作瞳酒糟漢，說大唐國裏無禪師的時候，有一個僧人就出來說道：

「只如諸方匡徒領眾，又作麼生？」

黃蘗這纔說明著：

「不道無禪，只是無師。」

在一個智慧的國度裏，禪根是普遍的，生活是普遍的。只是誰去掘發著呢？誰去指點著呢？誰去罵著呢？以至誰去掌著呢？徒有禪根，不去發掘，反而會成功著沒有了心、沒有了靈。徒有生活，未經點化，也更會變成爲沒有了骨骼。這是慘重的。原本是一個輝煌的智慧的國度，卻充塞著沒有心、沒有靈、沒有骨骼的人民，此乃求禪而不求師之過。求禪無禪，而求師則有師。匡徒領眾，是要作生活。生活的本身就是佛，就是禪。挑水砍柴，莫非妙道。只是無師，所以便俗。而有師則有罵，以至有掌有喝，這纔能向上轉去。

只不過徒罵徒喝，也會儘有花槍。據載：

「睦州問僧近離甚處？僧便喝。州云：老僧被汝一喝。僧又喝。州云三喝四喝後作麼生？僧無語。州便打云：這掠虛頭漢。」

大家都在生活裏，還要問離甚處麼？僧之一喝，喝得甚是。但大家都陷入生活裏，頭出頭沒，無由超脫，這還得了嗎？因之再喝，就有問題。三喝四喝，喝個什麼？這分明是玩弄光景，不識生活。連生活都不識，就須痛打了。喝裏面，儘有花槍。罵裏面，也儘有花槍。不是眞心人，不是眞實漢，罵人喝人，只是罵己喝己。生活是道的本根，生活是道的本體。離開生活，就沒有了路徑，就沒有了入門，就沒有了道。生活是道體。只生活得眞實，就有體。只生活得通達，就是道。這裏沒有虛頭，這裏不是光景。掠著虛頭玩弄光景，就失掉了生活的本體，就離開了生活的本根。這是慘痛的事。在這裏，就要截斷它。

黃蘗在裴度爲相國時，被封爲斷際禪師。黃蘗的罵，不是禪道，而是師道。

黃蘗與裴相國爲方外友。裴鎮守宛陵時，曾請他到那裏，把自己禪的著作給他看。他放在座上，看也不看。過了很久，就問道：

「會麼？」

「不會。」裴度答。

「若便恁麼會得，猶較此子，若也形於紙墨，何處更有吾宗？」黃蘗說。從書本上體認著一切，或從文字上體認著一切，是遠不如從生活上體認著一切的。只生活上的體認是最眞切的體認，裴度於黃蘗之意，有所領會，便頌贊他，說道：

「自從大士傳心印，額有圓珠七尺身。掛錫十年棲蜀水，浮杯今日渡洛濱。八千龍象隨高步，萬里香花結勝因。擬欲事師爲弟子，不知將法付何人？」

黃蘗看了裴相國這首頌詩，也全沒有喜色，只說道：

「心如大海無邊際，口吐紅蓮養病身；自有一雙無事手，不曾祇揖等閒人。」

其實，黃蘗的罵，也不過是要人歸於生活，體認生活。他的傳心弟子臨濟禪師於大愚禪師處，忽然對其師三度打出他的事情，大徹大悟，說道：

「黃蘗佛法無多子。」

這話是說得很好的。所謂「無多子」，就是上說的那麼一點點。這即是黃蘗的罵。

六、香林的成勞

香林遠禪師在雲門和尚那裏作侍者，作了十八年。香林當時，也發表一些言論，表示一些見解，弄了一些精魄，只是終不合意。有一日，忽然說道：

「我會也。」

雲門就對他說：

「何不上，道將來？」

但香林遠又在雲門那裏住了三年。雲門的一言一語，他都給它收集起來。

香林後來去到四川，初初住在導江水晶宮，後來又住在青城香林。人家就稱他爲香林。他住院住了四十年，八十歲纔死了。他嘗對人家說：

「我四十年方打成一片。」

雲門和尚所接引的人，簡直數不清楚。但當代道行者，只有香林一派最盛。智門祚和尚，即雪竇禪師，本是浙江人，因盛聞他的道化，特地跑來四川參見禮拜著他。

香林每每對眾人宣示著：

「大凡行腳，參尋知識，要帶眼行，須分緇素，看深淺始得。先須立志，釋迦老子，在因地時，發一言一念，皆是立志。」

後來有僧人問他道：

「如何是室內一盞燈？」

他便回答道：

「三人證龜成鼈。」

所謂四十年方打成一片，這是表示他經過了四十年，纔把他一己簡單化得成一個整體，因而獲得了一己的完整。一己的完整，就是一己的完成。這會像室內一盞燈，把油點燃著，就成了光。光是有目共見的，能使有目共見的，就是光。一盞燈是一盞光。生命的油，點燃著，就成了生命的光一盞，生命的光，就是生活。有三個人證明龜成了鼈，這就是鼈。有三個人證明在同一個地方獲得了光，那就是一盞燈。一盞燈是一個體。是一個體，就是一個相。是一個相，就是一個用。是一個用，就是一個機。是一個機，就是一個照。是一個照，就是一個寂。一燈寂然，寂然有著光。光又有人可證。三人證龜成鱉，生活一證成道。這就是一盞燈！一盞燈之所以成爲一盞燈，也不過是把這一盞燈的體相、機用和寂照，打成一片，而有理在，並可象徵著生命和生命的光輝，有如三人證龜成鱉，形成為生命的通透而已。

有一僧人問鵝湖的鏡清和尚道：

「學人啐，請師啄。」

鏡清云：「還得活也無？」

僧說：「若不活，遭人怪笑。」

鏡清云：「也是草裏漢。」

母欲啄，而子不得不啐。子欲啐而母不得不啄。啐啄同時，母子一體。母愛子愛，用亦同時。有一僧人，於此有問，於此有疑，於此有失。南院禪師便打他，他還不肯受打。後來人家對他說「南院棒折那」這事，任便你不受打，人家也把棒打折了。這僧人至此，心非木石，自是有悟。故仍回至南院那裏，但南院已是死了。想再受打，也不可能了。他見了風穴禪師，就禮拜。於是風穴也考問他道：

「爾當時作麼生會？」

那僧人回答道：

「某甲當時如燈影裏行相似。」

要知到了同風穴說話，並回想著以前是如在燈影裏行的境地，這衷心的淒楚，會是如何？既然淒楚總難言，自知啐啄同時用。所以這僧人終究是「會也」。就是風穴也是如此說。生命至此，在啐啄裏顯，也就在啐啄裏活。若不活，自然是要遭人怪笑了。但僅僅是在啐啄裏活著了事嗎？只知在啐啄裏活著了事，那只不過是在啐啄裏落著草，未曾昇騰。那也不過是草裏漢。所謂「學人啐，請師啄」，在這裏，還儘有一大「辛勞」。「愛之能勿勞乎」，這是生命的則律，也正是所謂古佛的家風。只有辛勞，不致落草。勿求逸豫，自爾昇騰。生命是要在啐啄裏昇騰。這昇騰就是恩愛的報答。雲門和尚聽說「釋迦出世，一手指天，一手指地，目顧四方，認天上天下，唯我獨尊」，便即說道：「我當時若見，一棒打殺與狗子喫。」這是因爲忘了啐啄，忘了辛勤。只孤絕地冒起，便不是古佛的家風，而有違生命的則律。

香林是深深知道啐啄裏的辛勞。因之，他便知道如何打成一片，又能知道回答著「如何是室裏的一盞燈」！而且當一個僧人問他「如何是祖師西來意」時，他更立即回答道：

「坐久成勞。」

人說：這是「言無味，句無味，無味之談」。只不過：

「一箇兩箇千萬箇，脫卻籠頭御角駄，……」（雪竇頌）所有的生命，一箇兩箇千萬箇，要想脫卻籠頭御角馱，灑灑落落，必須如此。所有偉大的生命，一箇兩箇千萬箇，要想脫卻籠頭御角馱，堂堂皇皇，更必須如此。

在坐久成勞裏，有生命的則律。

在坐久成勞裏，有生命的究極。

因之，在坐久成勞裏，自然會是祖師西來之意。

同樣，在坐久成勞裏，儘有生命的完整。

在坐久成勞裏，儘有生命的完成。

因之，在坐久成勞裏，更不僅是祖師西來之意。

紫胡禪師參見南泉和尚，同參的有趙州岑大虫。當時劉鐵磨在潙山和尚下，卓庵諸方皆不奈何他。有一天，紫胡便去訪他。

「莫便是劉鐵磨否？」紫胡見了就問。

「不敢。」劉鐵磨回答道。

「左轉右轉。」紫胡說。

「和尚莫顛倒。」鐵磨說。

紫胡和聲便打。要知左轉右轉，隨後來的便是「直道而行」，那裏還須得要你說「莫顛倒。」左轉右轉，千迴百轉，這會折磨得夠了，這會也辛勞得夠了。但於此直下承當，正可見出生命的面目。這就無怪乎：——

「左轉右轉隨後來，紫胡要打劉鐵磨。」（雪竇頌）。

這紫胡一打鐵磨之舉，正就是「坐久成勞」之象。

以前有個僧人向大隋和尚辭別，大隋問他：

「什麼處去？」

當這一僧人說是「禮拜普賢去」時，大隋豎起拂子，說道：

「文殊普賢，盡在這裏。」

要知拂子之所以爲拂子，就在那拭拂的辛勞裏。於此千聖百聖，千佛百佛，其所以爲千聖百聖千佛百佛，又何嘗不是在這拭拂的辛勞中？

雲門之下，還有一位巴陵禪師，他只將三轉語上雲門。第一是：

「如何是道？」

「明眼人落井。」

這所謂明眼人落井，分明是徹底的辛勞。

第二是：

「如何是吹毛劍?」

「珊瑚枝枝撐著月。」

這所謂珊瑚枝枝撐著月，分明是慇勤得十分周到，足夠辛勞。

第三是：

「如何是提婆宗?」

「銀椀裏盛雪。」

這所謂銀椀裏盛雪，分明是一番辛勞的保任，全無渣滓。

據載：

「迦那提婆尊者，知佛法有難，遂運神通，登樓撞鐘，欲擯外道。外道遂問：樓上聲鐘者誰?提婆云：『天。』外道云：『天是誰?』婆云：『我。』外道云：『我是誰?』婆云：『我是儞。』外道云：『儞是誰?』婆云：『儞是狗。』外道云：『狗是誰?』婆云：『狗是儞。』如是七返。外道自知負墮，伏義，遂自開門。提婆於是從樓上持赤旛下來。外道云：『汝何不後?』婆云：『汝何不前?』外道云：『汝是賤人。』婆云：『汝是良人。』如是輾轉酬問，提婆折以無碍之辯，由是歸伏。時提婆尊者手持赤旛，義墮者旛下立，外道皆斬首謝過。時提婆止之，但化令削髮入道，於是提婆宗大興。」

提婆以我爲天，以外道爲狗。又復以外道爲良人，問其爲何不前？即此便是銀椀裏盛雪，全無渣滓。但如何纔能全無渣滓？這又豈非由於銀椀裏一番辛勞的保任？只辛勞，纔能以天爲我。只辛勞，纔能以我後人。一放逸，便同人道於犬馬。一放逸，便隨外道以墮退。此聖凡之所以異，亦人禽之所以分。

人言達摩九年面壁，所以坐久成勞。果眞如此，則面壁九年，就絕非放逸了。身閒，不是心逸。坐久，大有事在。這裏是全副精神。這裏是獅子搏兔。惟生命歸一，始獲坐久成勞。亦惟坐久成勞，始能打成一片，而讓此心此志之長存宇宙間，有如室內之燈光一盞。這亦就是香林的成勞。

七、俱胝的一指

俱胝和尚，凡有所問，只豎一指。

俱胝庵中，有一個童子，在外面時，人家問他：俱胝和尚尋常以何法示人？這童子便豎起指頭。回到庵裏，並將此指，舉得和師父一模一樣。俱胝便用刀截斷這童子的手指。這童子就叫著走出去。俱胝召喚一聲，童子回過頭來。俱胝卻豎起指頭，這童子豁然理解。俱胝在遷化（死）的時候，還對眾人說道：

「吾得天龍一指頭禪，平生用不盡。」

後來，明招獨眼龍問國泰深禪師道：

「古人道：俱胝只念三行咒，便得名超一切人。作麼生與他拈卻三行咒？」

國泰深禪師聽了，也豎起一指頭。

這眞是所謂一塵纔起，大地全收，一花欲開，世界便起。這麼一指，自然是一個指示。

對這一指示，雪竇禪師曾讚頌道：

「對揚深愛老俱胝，宇宙空來更有誰？曾向滄溟下浮木，夜濤相共接盲龜。」

在茫茫人海裏，像盲龜似的動亂著的人們，會有多少？只是盲龜的動亂，背後總會有一個動力，這動力是什麼呢？有人說這就是生的意志。但生的意志又是什麼呢？有人會說：這就是宇宙的一種機械的力。但這一種宇宙的機械的力又是什麼呢？有人會說：這就是命運。但命運又是什麼呢？你不是可以一直如此問下去麼？只是如此之問，畢竟受用實難。盲龜所求，不過浮木。《法華經》云：「如一眼之龜，值浮木孔，無沒溺之患。」只是誰曾向人海裏，下著浮木呢？自動亂的人們看來，宇宙會如此空洞。空洞得無有一人，會來搭救。他們只能望著上天。但何處是上天？何處是下地？他們又哪裏能夠知道。俱胝於此，生就一指。只這一指指處，你就有了上天。只這一指指處，你就有了下地。宇宙空來，更有誰能如此一指。上天豈在一指？但指處就是上天。下地豈在一指？但指處就是下地。這一指會是如何簡單化著一切！同時，一切簡單化著，也就分明歸於一指！童子不識不知，學人一指，此只是簡單的一指。必須截斷，再一回首，始能見此一切歸一之指。童子於此有悟，粉身碎骨，也是欣然。一指之斷，自無痛楚。此俱胝所以平生受用不盡之故。

所謂「俱胝只念三行咒，便得名超一切人」。其實三行咒已是太多了。只因豎起一指，乃大孤絕，所以念上三行，以資熱鬧。你能簡單化著一指，你就能簡單化著一身。你能簡單化著一身，你就能簡單化著一心。你能簡單化著一心，你就能簡單化著一世。你能簡單化著一世，你就能簡單化著千古。千古之情，歸於一指。千古之意，亦就可知了。國泰深禪師於答人問三行咒時，亦竪一指，於是又使問者道：「不因今日，爭識這瓜州客？」此之謂「如斬一綟絲，一斬一切斬；如染一綟絲，一染一切染」。一指之下，無不了然。只是一指之下，究又誰能了然呢？

唐肅宗問忠國師：「百年後所須何物？」國師云：「與老僧作個無縫塔。」帝曰：「請師塔樣。」國師良久云：「會麼？」帝云：「不會。」國師云：「吾有付法弟子耽源，卻諳此事，請詔問之。」帝詔耽源問此意如何？源云：「湘之南，潭之北，中有黃金充一國，無影樹下合同船，瑠璃殿上無知識。」

人之一生，既經一指；則死後所須，又果何物？在這裏，忠國師說是要無縫塔。會哪裏來的無縫塔呢？要知生前有了一個無縫塔，死後纔能歸於一個無縫塔。什麼是無縫塔呢？第一、湘之南，潭之北，那是秋鴈橫空。第二、中有黃金充一國，那是夕陽著地。第三、無影樹下合同船，那是太平時節。第四、瑠璃殿上無知識，那是理性世界。在鴈聲中，在夕陽裏，在太平時，在理性內，那就是一個無縫塔樣。何須更勞建造？「無縫塔，見還難，澄潭不許蒼龍蟠」（雪竇頌），在理性的世界裏，是用不著興風作浪的。「層落落，影團團，千古萬古與人看」（雪竇頌），一個理性的世界，就是一個清晰的世界，就是一個永恒的世界，因而，也就是一個有著歸宿的世界。

龍牙問翠微如何是祖師西來意。微云：與我過禪板來。牙過禪板與翠微。微接得便打。牙云：打即任打，要且無祖師西來意。牙又問臨濟如何是祖師西來意？濟云：與我過蒲團來。牙取蒲團過與臨濟。濟接得便打。牙云：打即任打，要且無祖師西來意。

關於達摩祖師的行跡，我們是知道了。既知道了他的行跡，爲什麼還要問他的來意呢？在一指之下，能知西來意，會如上述童子，平生也受用不盡。在一指之下，能知無縫塔，會如上述國師，死後也受用不盡。生用不盡，死用不盡的，只是一指。既只是一指，那還不是簡單化到了一點嗎？

據載：

「俱胝和尚，乃婺州金華人，初住庵時，有一尼名實際，到庵直入，更不下笠，持錫遶禪床三匝云：道得即下笠。如是三問，俱胝無對。尼便去。俱胝曰：天勢稍晚，且留一宿。尼曰：道得便宿。胝又無對，尼便行。胝嘆曰：我雖處丈夫之形，而無丈夫之氣，遂發憤要明此事。擬棄庵往諸方參請，打疊行腳。其夜山神告曰：不須離此，來日有肉身菩薩來，爲和尚說法。不須去。果是次日天龍和尚到庵，胝乃迎禮。具陳前事。天龍只豎一指而示之。

俱胝忽然大悟。」

從此以後，俱胝和尚對向他發問的人們，總是豎起一個指頭。有一禪師名玄沙者，對此一件事，曾說道：

「我當時若見，拗折指頭。」

這豎指折指，究竟是指著什麼而言？究竟是指出了什麼意義？要知道尼名實際。則直入持錫繞禪床三匝，豈不分明是指著「實際，實際，實際」。實際道得，就留下。實際道不得，就蹓走。只不過實際又是什麼呢？分明實際是在禪床繞著三匝，成了三個圈圈。這三個圈圈，會是指歸上天，指歸下地，指歸人間。也就是指歸永恒，指歸無限，指歸生命。更就是指歸心靈，指歸心性，指歸心血。於此，你把它貫穿起來，這便是豎起一指。只是如果已經貫穿起來，徹上徹下，徹內徹外，光爍爍的，一見指頭，豈不可予以拗折了麼？圓明和尚道：

「寒則普天普地寒，熱則普天普地熱。」

這於一指，又何獨不然？指則普天普地指，折則普天普地折。指出來，又折了去。折了去，又指出來。此之謂屈伸如意，來去自由，所欲從心，指揮若定。

麻谷禪師持錫杖，到章敬處，遶禪床三匝，振錫一下，卓然而立。章敬說道：「是，是。」麻谷又去南泉禪師那裏，同樣繞床振錫而立。南泉就說道：「不是，不是。」麻谷說：「章敬道『是』，和尚爲什麼道『不是』？」南泉說：「章敬即『是』，是汝『不是』。」指歸實際，精神一提，從此立定。如此一來，當然「是，是」。指歸實際，精神一落，立即硬化。如此一來，當然「不是」。章敬說是，是在一提。麻谷陷入，落即「不是」。於此豎指折指，折指豎指，即是究竟。

死水不藏龍，豎起一指，那是指向活水裏！澄潭不許蒼龍蟠。豎起一指。那是指向止水裏。

現實世界是在活水裏。是活的龍，須向洪波浩渺，白浪滔天處去。理性世界是在止水裏。是蓮花，就須如智門禪師所云：走出水時是蓮花，出水後是荷葉。荷葉撐著天，蓮花原是道，儘在止水裏，上上下下，看得分明。

其實是止水，就是活水。所謂「半畝方塘一鑑開，天光雲影共徘徊，問渠那得清如許，爲有源頭活水來」。

其實是活水，就是止水。所謂「滄溟幾萬里，山泉未盈尺，到海觀會同，乾坤誰眼碧」？山泉是止水，滄溟亦是止水，不捨晝夜，逝而未逝。滙納百川，確無增減。日出海上，月印泉心，若非止水，必不如斯。

到這裏，所謂俱胝的一指，自然是指歸一路了。

只是，當指被拗折，我無指可指時，又將如何？

於此，曹山禪師道：

「俱胝承當處莽鹵，只認得一機一境，一等是拍手撫掌。」

到指被拗折我無指可指時，你便去拍手撫掌，這自然會是更好的。

打地和尚，凡有所問，只打地一下。後被人藏卻他的棒杖，卻問他如何是佛？他只張口。他如此時，也是一生受用不盡。

在這裏，豎指、打地或張著口，都是一樣。只要能夠受用不盡，任便如何，都是好的。

無業和尚說：「且多慮不如少實，大丈夫漢，即今直下休歇去，頓息萬緣去，超生死流，迥出常格，縱有眷屬莊嚴，不求自得。」

無業一生，凡有所問，只道：「莫妄想。」

當指被拗折，或無指可指時，你只莫妄想，也就儘可受用不盡了。

一切總要簡單化。莫妄想，張著口，打著地，豎起指頭，或是拗折它，都不過是要你簡單化。

八、百丈的大雄峰

「如何是奇特事？」僧問百丈禪師。

「獨坐大雄峯。」百丈回答

這僧人於是向百丈禮拜了。百丈於是便打著他。

爲什麼要打著他呢？第一、追問奇特事，就不對，因爲何處更有奇特事？第二、禮拜大雄峯，就更差，因爲獨坐大雄峯，實在是平常事。

據載：「百丈四歲離塵，三學該練。屬大寂闡化南昌，乃傾心依附，二十年爲侍者。及至再參，於喝下方始有悟。」

百丈禪師和馬祖關於野鴨子的公案，更是流傳很廣的。百丈隨著馬大師在路上走，看見野鴨子飛過。

「是什麼？」大師問。

「野鴨子。」百丈答。

「什麼處去也?」大師問。

「飛過去也。」百丈答。

於是馬大師就去扭著百丈的鼻頭。百丈作忍痛聲。馬大師說道:

「何曾飛去?」

百丈聽了,便有所省。他省悟著當野鴨子也象徵著一個「常道」時,野鴨子是不會飛去的。自馬祖當時看來,一切都是一個象徵。但在百丈未省悟前,一切分明都是實物。一個是昭昭靈靈,一個是實實在在。只是在昭昭靈靈裏,不住在昭昭靈靈裏,也就是實實在在。在實實在在裏,不陷入實實在在裏,也就是昭昭靈靈。在這裏,總要扭轉鼻頭,始識常道。省識了常道,便透過了苦辛。

第二日,馬祖陞堂,大家纔集合著,百丈便出來把拜蓆捲起。馬祖於是從座上下來,歸到方丈裏,旋問百丈道:

「我適來上堂,未曾說法,儞為什麼便捲卻蓆?」

「昨日被和尚扭得鼻孔痛。」百丈回答。

「儞昨日向甚處留心?」馬祖問。

「今日鼻頭又不痛也。」百丈答。

「儞深知今日事。」馬祖說。

於是百丈便向馬祖行禮，卻回到侍者寮去哭了。他的同事問他「哭作什麼？」，他就叫他去「問取和尚」，他的同事就去問馬祖。馬祖又叫這人去問百丈，這人又去問百丈。百丈卻呵呵大笑。這同事就說：

「儞適來哭，而今爲什麼卻笑？」

百丈於是回答道：

「我適來哭，而今卻笑。」

要知適來哭，而今卻笑，這會是何等平常。只是平平常常，又何嘗是容容易易？那只是昭昭靈靈裏的實實在在。那又是實實在在裏的昭昭靈靈。那是象徵裏的實物，所以纔成了實物的象徵。那是常道，那是野鴨子。那是扭轉了鼻頭，那是透過了痛苦。那是深知了今日，那是隨意的哭笑。故雪竇於此頌道：

「野鴨子，知何許？馬祖見來相共語。話盡山雲海月情，依前不會，還飛去。欲飛去，卻把住。」

說說野鴨子，原本是尋常話。只不過尋常話，又豈只是話尋常？要知野鴨尋常話未了，山雲海月一齊來；莫說此情無多子，乾坤畢竟爲君開。不識常道，便無變端，既是變端，便欲飛去。但欲飛去，常道又復現於眼前，給人把住了。

有一次，五峯、潙山、雲巖諸禪師一起在百丈那裏侍立著。

「併卻咽喉唇吻，作麼生道？」百丈問潙山。

「卻請和尚道。」潙山回答。

「我不辭向汝道，恐已後喪我兒孫。」百丈說。

百丈又把同樣的話去問五峯。

「和尚也須併卻。」五峯回答道。

「無人處斫額望汝。」百丈說。

百丈又把同樣的話去問著雲巖。

「和尚有也未？」雲巖回答道。

「喪我兒孫。」百丈說。

尋常說話，那裏用得著咽喉唇吻？但不用咽喉唇吻，又如何能話出尋常？釋迦說法四十年，其實未曾說一字。天何言哉？四時行，百物生。如此併卻咽喉唇吻，豈不甚好？潙山心領其意，但又欲說忘言，於是「卻請和尚道」。百丈於此道出，則分明說如未說。此之謂「十洲春盡花凋殘」。百丈於此不說，則又分明是「夫我不言，後生何聞哉？」此道在天地間，正是「珊瑚樹林日杲杲」，橫說豎說，只話尋常，自是「不辭向汝道」著。而五峯因百丈此問，心領其意，便即截斷眾流，說「和尚也須併卻」。百丈於此，自覺乾脆，只不過「無人處斫額望汝」，不更乾脆麼？雲巖反問百丈有無併卻咽喉唇吻？百丈說如未說，自是併卻。只是尋常無語，家常無話，分明是「喪我兒孫」，呼天不應！百丈、溈山、五峯、雲巖之從容酬答，原本是尋常話，卻已話出尋常，話出常道。

智慧是自常道裏生，胸襟是由常道裏出，氣象是從常道裏見。但智慧必歸於高明，胸襟必歸於廣大，氣象必歸於悠久。因之，智慧總是閃閃的，胸襟總是浩浩的，氣象總是巖巖的。所謂「獨坐大雄峯」，正就是這種氣象，這種胸襟和這種智慧。這看來是奇特事，但卻是從常道來，並仍須回到常道裏去。因為如若不是回到常道裏去，便是離開了常道而背著常道走。於是巖巖的只是氣魄，浩浩的只是格套，閃閃的只是知解。這便是大大的走失，而更須得大大的回頭。

五洩禪師參見石頭和尚，先自約曰：「若一言相契即住，不然即去。」石頭據座，五洩即拂袖而出。石頭看他這個樣子，知道是一個「法器」，便即向他垂示，開講了一些道理。五洩領會不得其旨，就告辭出去。纔到門邊，石頭呼喚他，說道「闍黎！」五洩回顧了一下，於是石頭就教導他，說道：

「從生至死，只是這箇回頭轉腦，更莫別求。」

五洩一聽這話，便大大的省悟了。

所謂回頭，就是回歸常道裡去。

所謂轉腦，就是莫理會一些奇特的事。

蓮花峯庵主拈拄杖示眾云：

「古人到這裡，為什麼不肯住？」

這一問，問得大家都無話可說。於是他便自己說道：

「為他途路不得力。」

他說了這話以後，又再問一聲：

「畢竟如何？」

他問了這話以後，大家仍是無話可說，於是他又自己回答著自己的問題，說道：

「楖櫟橫擔不顧人，直入千峯萬峯去。」

據說蓮花庵主問出這個問題，前後二十餘年，終無一人回答得出來，所以他最後便自己回答著他自己，做了一個交代。為什麼要二十餘年問著這樣一個問題呢？這眞有如雪竇禪師所頌，是「眼裡塵沙耳裏土」，如痴似兀。其實，這也不過是尋常一問，只是人們不肯往尋常裏住，所以便不去從尋常處答。反以爲他如痴似兀。要知尋常的事，能夠常常的想，常常的問，又常常的說，常常的答，這裏就有了一個常道。人到這裏，會正如南泉禪師所言：「學道之人，如痴鈍者，也難得。」這話說得極好，故禪月禪師有詩云：

「常憶南泉好言語，如斯痴鈍者還希。」

而法燈禪師亦說道：

「誰人知此意，令我憶南泉。」

只是尋常，人們會以爲是痴鈍。但就在這痴鈍裏，使人知常。知常，就能安常。安常，就能住下來。否則，就如雪竇所頌：「千峯萬峯不肯住。」既不肯住，便自然又如雪竇所頌：「落花流水太茫茫。」既太茫茫，便自然又如雪竇所頌：「剔起眉毛何處去！」到此，你就會了然於痴鈍之難得，並當了然於痴鈍的可貴了。

嚴陽尊者，路逢一僧，拈起拄杖云：

「是什麼？」

僧云：「不識。」

嚴云：「一條拄杖也不識。」

於是這嚴陽尊者又用這拄杖在地上劄了一下，更問著這僧人道：

「還識麼？」

僧云：「不識。」

嚴云：「土窟子也不識。」

嚴陽尊者復以拄杖擔一擔，再問道：

「會麼？」

僧云：「不會。」

嚴云：「榔㮚橫擔不顧人，直入千峯萬峯去。」

拄杖是常物，但既不識常，又何能識此常物？

土窟子是常事，但既不知常，又何能知此常事？

擔一擔是常行，但既不安常，又何能安此常行？

只是當人們一識常物，一知常事，一安常行，便一一歸於常道，如此「榔㮚橫擔不顧人，直入千峯萬峯去」，隨處可行，隨處可止，隨處可留，隨處可住。所謂「不肯住」，那只是由於你不肯行。因爲不肯行，就「途路不得力」。又因爲「途路不得力」，就不肯行。而行只是行此常道而已。這如何會是奇特事？

百丈有一次問黃蘗：「甚處去來。」蘗云：「大雄山下採菌去來。」百丈說：「還是大虫麼？」蘗便作虎聲。百丈便拈斧作斫勢，蘗遂打百丈一個耳光。百丈吟吟而笑，便歸陞座謂眾云：

「大雄山有一大虫，汝等諸人，切須好動。老僧今日，親遭一口。」

既不會是奇特事，又何能容得一點機心來？百丈以童心問大虫，黃蘗便以童心扮大虫。大虫於此，既成一尋常玩意，則百丈陞堂，自然會說出一個童話世界來。童話世界，會很奇特，但以童心視之，不是至於尋常麼？

雪峯示眾云：「南山有一條鼈鼻蛇。汝等諸人，切須好看。」長慶云：「今日堂中大有人喪身失命。」輪到雲門，便以拄杖攛向雪峯面前，作怕勢。在這裡，所構成的也是一個童話世界，並不是一個奇特世界。玄沙禪師於此曾說：「用南山作什麼？」這一問，是問得極好的。因為有一鼈鼻蛇，即是構成一個童話世界，不必更用南山。

劉鐵磨（尼姑）到溈山禪師處，溈山云：「老牸牛，汝來也。」鐵磨云：「來日臺山大會齋，和尚還去嗎？」溈山放身臥，鐵磨便出去。這裡也構成了一個童話世界，不是奇特世界。溈山曾道：

「老僧百年後，向山下檀越家，作一頭水牯牛，左脇下書五字云：溈山僧某甲。且在發恁麼時，喚作溈山僧即是，喚作水牯牛即是。」

要知：有事來，喚老牛。放身臥，便出去。這會是如何自在，這會是如何尋常？只尋常自在的世界便是一個童話世界，便不是一個奇特世界。

在眼面前的世界裏，你想希求奇特嗎？果眞如此，眼前就是奇特。腳底下會是鼈鼻蛇，手指處便是妙峯頂。

僧問趙州：「如何是妙峯孤頂？」

趙州云：「老僧不答儞這話。」

僧云：「爲什麼不答？」

趙州云：「我若答儞，恐落在平地上。」

福保和尚和長慶和尚遊山次，福保以手指云：

「只這裏便是妙峯頂。」

長慶云：「是到是，可惜許。」

要知妙峯孤頂，奇特是奇特，但一說出，也終於是落在平地。既落在平地，則所謂妙峯頂，也不過是平地特起，隨地都是。如此，手指之處，便莫非奇特，俱成妙峯了。只可惜只此便是妙峯，到頭來竟都熟視無睹。人都是在奇特裏希求奇特，只因不識奇特，所以另求奇特。至此，髑髏遍野，又何怪其然？

趙州凡見僧便問：「曾到此間麼？」回答曾到或不曾到，趙州總說：「喫茶去。」院主便問道：

「和尚尋常問僧，曾到與不曾到，總道喫茶去，意旨如何？」

趙州叫一聲「院主」，院主應一聲諾。趙州就說道：

「喫茶去。」

喫茶事至尋常。曾到與不曾到，又豈奇特？所謂「獨坐大雄峯」，原也只是喫茶去。奇特的不是常道；但常道裏，儘是奇特！

僧人要問「如何是奇特事？」竟不知獨坐大雄峯喫茶去。反要去禮拜著，這如何能叫百丈不去打？雪竇禪師於此有頌道：

「祖域交馳天馬駒，化門舒捲不同途；電光石火存機變，堪笑人來捋虎鬚。」

人皆知天馬駒日行千里，橫行豎走，奔驟如飛。百丈和尚在禪宗的領域中，據說也是「東走向西，西走向東，一來一往，七縱八橫，殊無少碍，如天馬駒相似」。在化門舒捲裏，百丈儘是豪傑之士，蹊徑自別。所謂獨坐大雄峯，正是百丈實有的氣象，而僧人爲其如實言之，亦即如實見之，故即禮拜。此僧人固亦非尋常不識奇特者。獨具隻眼，有如電光；實存機變，一似石火。惟百丈從馬祖處得來的大機大用，已早歸於平實，歸於常道。僧人所禮拜的氣象，對彼已是厭煩之舉。此之謂「堪笑人來捋虎鬚」。所以百丈便打。

打是做什麼的？

打是打歸常道。

九、仰山的遊山

仰山問僧：「近離甚處？」

僧云：「廬山。」

仰山又問道：「曾遊五老峯麼？」

僧云：「不曾到。」

仰山便說：「闍黎不曾遊山。」

雲門禪師對仰山禪師的這一番話，更說是：「此語皆爲慈悲之故，有落草之談。」那僧人自道親從廬山來，說「闍黎不曾遊山」，那是對人們的慇勤指點，所以說「皆爲慈悲之故」。那僧人自道親從廬山來，只未曾到五老峯，就說「闍黎不曾遊山」，那是對人間的眞正俯就，所以說「有落草之談」。

既說是自廬山來，則如何是廬山境？又如何是廬山境裏人？就不能不問，也不可不知。五老峯前無盡，黃龍洞裏無邊。東林西林相向，含鄱口復含天。是峯在後，又忽在前。有何面目？竟不瞭然！有木皆松，有水皆泉，人在其中，億萬斯年。因松風起，因水聲眠。只一覺來，遊罷山川。於是當一被詢問近離甚處，就不妨說是廬山了。

「人莫不飲食也，鮮能知味也。」遊廬山，不曾遊五老峯，固是不曾到。但即使是遊了五老峯，而未曾遊含鄱口，仍然是不曾到。依此而論，誰能說是到了廬山？遊了廬山？人莫不遊山也，鮮能知遊也，說不曾遊五老峯，就不曾遊山，那眞是慈悲之至，方便之至。也眞是落草之至，俯就之至。

潙山禪師有一天問仰山禪師道：

「諸方若有僧，汝將什麼驗他？」

當仰山說是「某甲有驗處」後，潙山就要他舉個例子說一說。於是仰山就說：

「某甲尋常見僧來，只舉拂子向伊道：諸方還有這個麼？待伊有語，只向伊道：這箇即且置，那箇如何？」

潙山聽了就說：「此是向上人牙爪！」自明眼人看來，一切的事物都是象徵。因之，自明白人看來，每一句言語，也只是一個象徵。每一個人要求一個「明白」。每一個「明白」裏，要求一個「意義」。每一個意義裏，要求一個「安頓」。每一個安頓裏，要求一個「受用」。說「諸方還有這個拂子」，那是「拂子只是拂子」。這個「只是拂子的拂子」，在這裏就須得姑且擱置起來，看看那個不「只是拂子」的拂子，究竟怎樣？明白了「只是拂子的拂子」，又明白了「不只是拂子的拂子」，如此方是眞正明白了一個拂子。到眞正明白了一個拂子，那纔能夠說道：拂子究竟是一個拂子。如此方有一個意義，從而有一個安頓，更從而有一個受用。此之謂「是向上人牙爪」，因於此會儘有其向上一機，和不斷的提起來。

拂子如此，山亦如此。爲什麼要遊山呢？如何是山，更如何是遊呢？說是「從廬山來」。那麼，「曾遊五老峯麼？」這問是一個尋常問，可是就絕不能隨便答。說「不曾到」，固是不曾遊山。但說「曾到」，也不妨是「罪過」。

馬祖問百丈禪師：「什麼處來？」

百丈云：「山下來。」

馬祖問：「路上還逢著一人麼？」

百丈云：「不曾。」

馬祖再問：「爲什麼不曾逢著？」

百丈云：「若逢著，舉似和尚。」

馬祖又問：「那裏得這消息來？」

百丈云：「某甲罪過。」

馬祖道：「卻是老僧罪過。」

人是一個人，但人又不只是一個人。當問「路上還逢著一人麼？」自然會是「一個人，又不只是一個人」的人。否則，路上儘量是人來人往，那還須問著「逢與不逢」麼？百丈說「不曾」，那確實是「不曾」。馬祖再問爲何不曾？這自然要逼出了百丈心目中完成的人物。所以便說：「若逢著，便舉似和尚。」不過如此一來，那豈不是要生活在觀念裏，而否定了血肉之軀？路上人來人往，竟未逢著一人，憑空獲得一個概念，向虛獲得一個消息，此心之仁，毫無所奇，豈非罪過？於此，百丈說是罪過，馬祖亦說是罪過。本此以言五老峯，假如你逕說著「曾到」，那會是到的哪一個五老峯呢？是這個「只是五老峯」的五老峯，還是那個「不只是五老峯」的五老峯？在這裏你只要否定了一個，就會是罪過。因非心之全，就必然會是「仁之失」，不能不是罪過。

如何是山？山是山，山又不只是山。如何是遊？遊是遊，遊又不只是遊。因之，爲什麼要遊山？這是一個屬於「明白」裏的問題，這又是一個屬於「受用」裏的問題。說到「明白」，誰能眞明白一株小草？誰能眞明白一朵小花？因爲小草不只是一株小草，小花也不只是一朵小花。要眞正明白它，這不僅是不可能，而且由「明白」以至「受用」的過程，也是過於遙遠了。但一說到「受用」這就直截得多，而且一株小草，究竟是一株小草，一朵小花究竟是一朵小花。以至一個山究竟是一個山。只一受用，就等於明白。這由受用到明白的過程，那是十分短促的！

仰山說那僧人不曾到五老峯，就不曾遊山，自然還只是涉及「受用」的問題。涉及受用，這就涉及慈悲，深深俯就，有似落草了。

長沙鹿苑招賢大師一日遊山，歸至門首。首座問：

「和尚什麼處去來？」

長沙禪師回答道：

「始隨芳草去，又逐落花回。」

首座云：「大似春意。」

長沙云：「也勝秋露滴芙蕖。」

這就是遊山不見山，但已獲得了整個山的全般受用。所以首座便說「大似春意」。只是一經受用，就不至未歸「明白」，而儘可了然於目，了然於心。秋露之滴於芙蕖，其清新明白處，實遠未及此。此之謂「也勝秋露滴芙蕖」，非僅「大似春意」，而徒關受用。雪竇於此著語云：

「謝答話。」

受用得夠了，受用得明白，這就不能不謝答話。

仰山禪師有一日同長沙鹿苑招賢玩月，仰山指著月說：

「人人盡有這箇，只是用不得。」

「恰是。便請儞用那。」長沙說。

「儞試用看。」仰山說。

長沙一踏，踏倒。仰山起云：

「師叔一似箇大虫。」

「受用」是一個「無分辨」的境界，但「無分辨」的境界，並不是不「明白」的境界。那可能由明白的境界，一轉而來。也可能向明白的境界，一轉而出。一轉過來，就可受用。一轉出去，就可明白。明月人人有，受用各不同。一踏踏倒了，有如一大虫。於此，分明成了一個畫面。整個月亮就在這一個畫面裏。全般受用，也在這一個畫面裏。那是一個渾然的境界，又是一個清楚的境界。長沙禪師在玩月時居留於一個渾然的，又是清楚的世界裏。長沙禪師在遊山時，也是居留於一個渾然的，又是清楚的世界裏。於此，雪竇禪師便頌道：

「大地絕纖埃，何人眼不開？始隨芳草去，又逐落花回。羸鶴翹寒木，狂猿嘯古臺。長沙無限意，咄！」

這一咄，圜悟禪師說是「若是山僧即不然」。他要把這「咄」字，易以「掘地更深埋」五字。只是「咄」則更加提起。愈提起則愈明白；而愈明白，亦愈能受用。深埋則是放下。能放下，則寂然。寂然則明白與受用同時起，亦同時消。據載：

文殊問無著，近離什麼處？無著云：「南方。」殊云：「南方佛法，如何住持？」著云：「末法比丘，少奉戒律。」殊云：「多少眾？」著云：「或三百或五百。」無著問文殊：此間如何住持？殊云：「凡聖同居，龍蛇混雜。」著云：「多少眾？」殊云：「前三三，後三三。」

相傳無著遊五臺山，至中路荒僻處，文殊化一寺，接他宿，於是談了以上的話。談完了以後，就喫茶。文殊舉起玻璃盞子云：「南方還有這箇麼？」著云：「無。」殊云：「尋常將什麼喫茶？」著無語。遂辭去。文殊令均提童子送出門首。無著問童子云：「適來道前三三，後三三，是多少？」童子叫聲：「大德！」著應聲道：「諾。」童子云：「是多少？」又問此是何寺，童子指金剛後面。無著回轉頭來。童子和寺都不見了，只是空谷。那裏後來說是金剛窟。

這「末法比丘，少奉戒律」，雖其究極會「明白與受用同時起又同時消」，但終於落到一個「有分辨的境界」，所以便說出了「或三百或五百」。而這「凡聖同居，龍蛇混雜」，則是「愈受用，愈明白，而愈明白又愈受用」，終於渾然。所以儘會是「前三三，後三三」，無由分辨。這便似將玻璃盞子喫茶，一切平平，尋常之至。這正如漳州地藏問僧南方佛法如何，當僧說是「商量浩浩地」時，地藏就說：「爭似我這裏種田博飯喫！」只尋常之至，就是受用之至。只受用之至，就是明白之至。明招獨眼龍有詩云：

「廓周沙界勝伽藍，滿目文殊是對談；言下不知開佛眼，回頭只見翠山巖。」

這「廓周沙界勝伽藍」是指荒僻處化成一寺而言。一明白之至，就是處處是意義，處處是安頓，處處是文殊，處處是對談，因而又是受用之至。至此，回頭只見翠山巖。翠山巖固是翠山巖，但翠山巖又不只是翠山巖。這正如遊廬山來，也正如到五老峯頂。山是眞山，峯是眞峯，遊是眞遊，到是眞到，方不致讓仰山說道：

「闍黎不曾遊山。」

寒山子有詩云：

「欲得安身處，寒山可長保。微風吹幽松，近聽聲愈好。下有斑白人，喃喃讀黃老。十年歸不得，忘卻來時道。」

人在山中，山在眼中，是我就山，是山就我。此中有分辨，又無分辨。

人在山頭，山在腳下。是我登山，是山登我。此中有高低，又無高低。

我能由此山入，卻未必能由此山出，這正如我能由此道來，卻忘了來時道。遊山忘山，並亦忘其為遊，以至忘出，並忘了來路，即此是渾然，但又非渾然。因為這裡還儘有高低，儘有分辨，所以這裡又儘是清寥寥，白的的。

懶瓚和尚隱居衡山石室中，唐德宗聞其名，遣使召之。使者至其室，宣言：天子有詔，尊者當起謝恩。懶瓚方撥牛糞火，尋煨芋而食。寒涕垂頤未嘗答。使者笑說道：「具勸尊者拭涕。」懶瓚和尚回答道：「我豈有工夫為俗人拭涕耶？」竟不起。使者回奏，德宗甚欽嘆之。

必須要這樣把得定，纔算是清寥寥，白的的。也纔能說是眞明白，並纔能說是眞受用。有一點夾雜就不能眞到達一個境界，因之，不簡單化到極點，就不能眞到達一個境界。遊山是遊一個境界。廬山是一個境界，五老峯是一個境界裏的一個境界。

仰山說：「闍黎不曾遊山。」雲門說：「此語皆為慈悲之故，有落草之談。」雪竇於此頌道：

「出草入草，誰解尋討？白雲重重，紅日杲杲。左顧無暇，右眄已老。君不見寒山子，行太早，十年歸不得，忘卻來時道。」

超越著，又俯就著。尋個明白，討個受用。但誰是明白？誰解受用？白雲重重，紅日杲呆，是明白又是受用。是屬凡，又是屬聖。既見龍，又見蛇。不聞寒，也不聞暑。一切是如此無暇，一切又如斯老去。但這會是飄忽嗎？十年不歸，竟忘來路。誠然這會是飄忽。但就眞無以安頓嗎？是眞山就可安頓，是眞峯就可安頓，是眞遊就可安頓，是眞到就可安頓。總要能眞遊一個境界，總要能眞到一個境界，這裏有落草之談，但這皆爲慈悲之故。

遊山是一個安頓。安頓了，則左顧是明白，右眄是受用，能明白則無暇，能受用則不知老之將至。法眼《圓成實性頌》云：

「理極忘情謂，如何有喻齊？到頭霜夜月，任運落前谿。菓熟兼猿重，山長似路迷，舉頭殘照在，元是住居西。」

眞會遊山，就能有得。眞能有得，就識此理。仰山的遊山，原是有關一個人的完成的。

十、南泉的庭前花

晉時高僧肇法師，與生融叡，同在羅什門下，謂之四哲。小時候，喜歡讀《莊子》、《老子》，後來因爲抄寫《古維摩經》，有了省悟之處，方知《莊》、《老》猶未盡善，便綜合諸經的意旨，自己另造《四論》。大意是說：「性皆歸自己」。他在他的書中說：

「夫至人空洞無象，而萬物無非我造。會萬物爲自己者，其唯聖人乎？雖有神有人，有賢有聖各別，而皆同一性一體。」

石頭和尚因看《肇論》，至此「會萬物爲自己」處，豁然大悟，後來還著了一部書，名叫《參同契》。法眼禪師也說道：

「渠渠渠，我我我，南北東西皆可可，不可可，但唯我，無不可。」

同樣，還有人道：盡乾坤大地，只是一箇自己。寒則普天普地寒，熱則普天普地熱，有則普天普地有，無則普天普地無。是則普天普地是，非則普天普地非。

肇法師還有兩句名言，說是：

「天地與我同根，萬物與我一體。」

唐陸亘大夫有一次和南泉禪師談話當中，曾舉出肇法師這兩句話，說是「也甚奇怪」。

於是南泉便指著庭前花，並召一召陸大夫，說道：

「時人見此一株花，如夢相似。」

花以其形姿，顏色以至香味等等，呈現於庭院內，更呈現於天地間。花之形姿各別，花之顏色各異，花之香味等等，也是各種各樣。但花之爲花，總是依舊，邃古是花，今仍是花。分明花之存在，儘可不問花形，不問花色，亦可不問花香，以至花味等等。但此形非花，則非花形，此色非花，則非花色，此香非花，則非花香，此味非花，則非花味。然則花果如何？形色香味等等，原本非花，但一成花，即爲花形、花色、花香、花味等等。而且一切之形，莫不可成花形；一切之色，無不可成花色。一切香味等等，固皆如此。然則花果何物？人之視花，所見爲何？所聞爲何？形色香味，非花本體。但人之所見者，惟形與色。所聞者惟香與味。如併形色香味，亦俱未見未聞，則盈天地間，何處是花？但如連形色香味，亦俱認之爲花，則盈天地間，何處非花？依此言之，「時人見此一株花，如夢相似」，豈非是實？

世界所有，全是形色香味等等。花非形色香味等等。但一切形色香味等等，固皆歸於花。於此一花一世界，又何可疑？果眞如此，一切歸花，花歸何處？

南泉指著庭前花，是花已歸於南泉的眼下。

陸亘有悟於庭前花，是花已歸於陸亘的心中。

今日作者談庭前花，是花又歸於作者的筆觸裏。

以此而論「花歸何處」，則花固東西南北皆可，上下古今同春。即此，便是與天地同根。

以此而論「花果何物」，則花固非形色香味，而亦不離形色香味。一花如此，萬物皆然。即此便是與萬物同體。

以此而論「花果如何」，則我視之爲花，固即爲花，我悟其非花，花即若失。我視花視，我悟花悟，我性如何，花亦如何。拈花微笑，是笑在我，亦笑在花，此中消息如何，花即果爲如何。

以我視花，既如上述，然則以花視我，又豈非：「但唯我，無不可？」

能會萬物爲一花，自能會萬物於自己。

乾坤大地，只是一箇自己，在花如是，在渠如是，在我自應如是。

只可惜時人見此一株花，如夢相似，所以不覺。亦只可惜時人有此一個我，如夢相似，所以不覺。只因不覺，花便小了，我亦小了。

意路不到，正好提斯；言詮不及，宜急著眼。出頭天外看，誰是箇中人？我之爲我，花之爲花，所爭究在什麼地方？

南泉以前曾參見百丈涅槃和尚，即法正禪師，這法正禪師就問他道：

「從上諸聖，還有不爲人說的法麼？」

南泉回答，說是「有」。於是法正禪師又問他道：

「作麼生是不爲人說底法？」

「不是心，不是佛，不是物。」南泉說。

「說了也。」法正說。

「某甲只恁麼，和尚作麼生？」南泉問。

「我又不是大善知識，爭知有說不說。」法正答。

「某甲不會。」南泉說。

「我太煞爲儞說了也。」法正道。

這時候，南泉已見了馬祖，頗有了成就。他赴各方參考，只是想有一些抉擇。他這次參百丈涅槃和尚，便被如此一問，其實是無可置答的。第一義是不可說，因之也就無可問。只不過百丈涅槃和尚既是無可問而問，南泉自然也不妨無可答而答。遂姑謂之爲「不是心，不是佛，不是物」。惟涅槃和尚於此已了然於心，故於南泉之說，雖未正面回答，但亦覺其已是「說了也」。南泉自知對「不可說者」，實不可說，故轉請涅槃發言，涅槃於此不致有說，南泉於此只說不會。彼此心中了然，故未說即同於「太煞爲儞說了」。

只不過「第一義」，雖不可說，卻無物無時無地不可作其象徵。所謂「等閒識得東風面，萬紫千紅總是春」，於此一花一葉，可作一象徵，一沙一石，也儘可作一象徵。我人對花無語，我人相對忘言。一到無語忘言之境，會就是不可說之境。此不可說之境，會同於第一義，但如一執著，便是玩弄光景。玩弄光景，便不能實得。不能實得，便不能受用。不能受用，便大地陸沉，虛空粉碎，全無歸依，失卻至寶，所謂「貪看天上月，失卻掌中珠」，就只有唏噓，只有浩嘆。

眼看庭前花，象徵第一義，如此一花一世界，便又是一花一安頓。一安頓，便一切安頓。於是每一生命是一受用；每一受用，是一奇蹟。而每一奇蹟，又復是一常情。每一常情，更會是一常理。

南泉有一日見東西兩堂爭貓兒，他便把貓兒提起來，說道：

「道得即不斬。」

大家都無言可對，南泉於是把這貓兒斬爲兩段，後來南泉把以上的話去問趙州。趙州是他傳道弟子，只道頭，便知尾，纔一舉著，即知落處，心中異常明白。於是便脫草鞋，於頭上戴出。南泉因此說：

「子若在，恰救得貓兒。」

要知東西兩堂所爭，雖爭貓兒，但實爭常理。南泉說「道得即不斷」，那只是說兩方道出了常理，大家即歸於無事。而貓兒亦獲得了安頓，自不致於被斬。只是兩方大家，竟於常理，無言以對，遂致禍及貓兒。由此以往，殃及池魚，禍及家國，固莫非由此常理之欠明晰。此實悲劇最究極之成因。雪竇於此有頌云：

「兩堂俱是杜禪和，撥動煙塵不奈何。賴得南泉能舉令，一刀兩段任偏頗。」

其實是：一切本歸無事，盡歸常理。只因於此一失，遂不免撥動煙塵，大有事在。既然如此，若非有人舉令，一刀兩段，便無了期。斬殺一貓，還來一理，於是兩方，仍歸無事。此之謂能獲常理，即獲常情，能獲常情，即獲奇蹟。如此，大家便有了受用，大家便有了安頓。眼看庭前花，是一安頓。斬貓爲兩段，也是一安頓。

趙州心中雪亮。便脫草鞋，於頭上戴出。既脫草鞋，便歸無事。於頭上戴出，便見常理，徹上徹下，徹內徹外，徹頭徹尾，徹始徹終。如此貓兒有了安頓，就救得了貓兒，一切有了安頓，便救得了一切。此雪竇所以如下頌著：

「公案圓來問趙州，長安城裏任閑遊。草鞋頭戴無人會，歸到家山即便休。」

本來無事，本有安頓，本即便休。由第一義而來，是常情常理。眼看庭前花，也是常情常理。天地與我同根，萬物與我一體，無不是常情常理。只不過時人見此一株花，如夢相似。時人有此一箇我，也如夢相似。

南泉又有一次與歸宗、痲谷兩和尚同去禮拜忠國師。行至中途。南泉於地上畫一圓相。說是：

「道得即去。」

歸宗和尚當即於南泉所畫的圓相中打坐著，痲谷便即作女人拜著。南泉於是說：

「恁麼則不去也。」

歸宗云：「是什麼心行？」

大丈夫在世，一來一去，本是常情，但合常理。合則即去，不合則不去。圓相就是合相。歸宗坐於合相裏，那是於常情無礙。惟痲谷作女人拜，便於常理有違。無礙可去，但有違則可不去。去與不去是什麼心理？此則由第一義來，由第一念顯。眼看庭前花，由第一義來，由第一念顯，這會是如何自在？這會是如何單純？只時人見此一株花，如夢相似。於是時人於一來一去中，也如夢相似。沒有大前提，不由第一義。沒有大擔當，不由第一念。這便一切有碍，不似花形，也不成圓相。

有一僧人問趙州：「承聞和尚親見南泉，是否？」

趙州答道：「鎮州出大蘿蔔頭。」

鎮州出大蘿蔔頭，是天下皆知，是常事。趙州參見南泉，也是天下皆知，是常事。這僧人所問，是常事，也是常事的根源，否則，又何用更問？但趙州所答，是常事，也是常事的根源，否則，便答非所問。只不過，在這裡，誰又能看出這常事的根源呢？不是第一義，不會有常理。不是第一念，不會有常情。而不是常理常情，便不會有常事。眼看庭前花，這是常事。只是時人見此一株花，如夢相似。於是時人於一聞鎮州出大蘿蔔頭，也如夢相似。不識根源，即無由清醒，常情如此，常理如此。雪竇頌云：

「聞見覺知非一一，山河不在鏡中觀。霜天月落夜將半，誰共澄潭照影寒？」

難得的是清醒。眼看庭前花，誰能清醒？眼看天地與我同根，本是常情，但誰能清醒？眼看萬物與我一體，本是常理，但誰能清醒？「聞見覺知非一一」，但一一是常理又是常情。「山河不在鏡中觀」，因已會歸自己，乃是一大眞實。霜天月落，此意如何？澄潭照影，斯心可見。一清醒，就是圓相。一清醒，就是完成。

眼看庭前花，是一圓相。
眼看庭前花，是一完成。
只是「時人見此一株花，如夢相似」。

十一、風穴的一塵

風穴禪師留下幾句話來，是說：

「若立一塵，家國興盛。不立一塵，家國喪亡。」

雪竇拈拄杖云：

「還有同生同死底衲僧麼？」

雪竇更為頌道：

「野老從教不展眉，且圖家國立雄基。謀臣猛將今何在？萬里清風只自知。」

一塵就是「一點點」，一個國家，總要建立「一點點」，纔能有「一點點」。只要有了「一點點」，就可以興盛起來。這一點點，不論是一句話也好，不論是一個人也好，以至不論是一個好的念頭也好，都無不可。所謂「一言興邦」，這就只是一句話。所謂「一人定國」，這就是一個人。所謂「楚國無以為寶，惟善以為寶」，這就是一個好的念頭。

反之，如果一個國家，連「一點點」都不能建立起來，這便是什麼也沒有了。大家無話說，這是連一句話也都沒有。國空無人，如入無人之境，這是連一個人都沒有。「不知廉恥爲何物」，這是連一個好的念頭都沒有。到了這個地方，這如何能教一個國家，不會喪亡呢？

一個國家，要實際有一點點，就要眞正建立「一點點」。但要眞正建立「一點點」，則必須切實接上「一點點」。要切實接上一點點，纔能眞正建立一點點。要眞正建立一點點，纔能實際有「一點點」。

雲門以拄杖示衆云：

「拄杖子化爲龍，呑卻乾坤了也。山河大地，甚處得來？」

只要切實接上一點點，拄杖子便能化爲龍。只要切實接上一點點，山河大地，便能得到來。

長沙道：

「學道之人不識眞，只爲從來認識神，無始劫來生死本，痴人喚作本來人。」

但只要切實接上一點點，一切本來面目，就一下現於眼前。

金牛和尚每至齋時，自將飯桶於僧堂前作舞，呵呵大笑云：

「菩薩子吃飯來。」

金牛是馬祖門下的尊宿，他如此叫菩薩吃飯，一叫竟是叫了二十年。要知只要切實接上一點點，菩薩便早早吃飯了。

僧問雲門：「如何是超佛越祖之談？」雲門云：「糊餅。」僧問雲門：「如何是塵塵三昧？」雲門云：「鉢裏飯，桶裏水。」

只要切實接上一點點，則糊餅就是超佛越祖之談，而鉢裏飯、桶裏水，就是塵塵三昧。

僧問大隋和尚：「劫火洞然，大千俱壞，未審這個壞不壞？」大隋云：「壞。」僧云：「恁麼則隨他去也。」大隋就說道：

「隨他去。」

大隋原在潙山禪師處作火頭，潙山教他問「如何是佛」，他即以手掩潙山口。後歸其故鄉四川，先於堋口山路上，煎茶接待往來，凡三年，纔出世開山，住大隋。他對那僧人說了上述的話，那僧人卻持此問直往舒州投子山，投子和尚聽了那僧人所述大隋之言，便焚香禮拜，說：「西部有古佛出世，汝且速回。」那僧人又回到大隋那裏，而大隋已遷化了。

但只要能夠切實接上一點點，「這個」也就不壞了。劫火洞然，大千俱壞，接上一點，這個不壞。

這切實要接上的一點點，會究竟是什麼呢？

在這裡，古人是說古人的，目前人只是說目前的。他是說他的，我只是說我的。只不過這一點點，其實是今古一樣，我人一樣的。說法儘管千差萬別，但這個總是這個。從生而爲人的立場說，這個就是人之所以爲人，這個就是人性。

只要切實接上了一點人性，就能眞正建立起一點常道。只要眞正建立了一點常道，就能實際有著一點常軌。

實際上有了一點常軌，則拄杖子化爲龍，就不是奇事。在那裏一個人，儘可以下學而上達，智慧有了著落，科學就有了安頓。化而爲龍，不復爲蛇，乾坤在手，呑吐自如，原是本分事。

實際有了一點常軌，則山河大地，萬古如斯，本來就有，有甚由來？在那裏，一個人儘會是「惟鳥獸不可與同羣」，心情有了著落，生命就有了安頓。嶽峙淵停，鳥鳴花放，大地無垠，坐馳自在。原本是尋常。

實際有了一點常軌，則人人鼓腹而嬉，相視而笑，載歌載舞，不是新鮮。道成肉身，肉身亦復成道，人神既是無分，菩薩自應吃飯。在那裏，一個人儘會是「窮理以居敬」，理性有了著落，宗教也有了安頓。如在其上，如在其前，如在其中，如在其後。「菩薩子吃飯來」，原本是親切。

實際有了一點常軌，則直下承當，通體透明，大中至正，全般眞實。在那裏，每一個人是本來面目，每一個人是全副家當。只要修辭立其誠，情志有了著落，藝術就有了安頓，則挑水砍柴，莫非妙道，糊餅成了超佛越祖之談，鉢裏飯、桶裏水，就是塵塵三昧，原本是自然。

實際有了一點常軌，則纔動即覺，纔覺即化，心遊邃古，一念萬年。每一個人都是金剛不壞之軀，每一個人都是大壯無妄之相。在那裏觀乎天地，可知聖人。在那裏，觀乎聖人，可知天地。肫肫其仁，淵淵其淵，浩浩其天，人能宏道，道亦宏人。只「忠信以進德」，胸襟有了著落，哲學也有了安頓。劫火洞然，大千俱壞。「這個」若壞，就「隨他去」，那是生生之謂易。「這個」不壞，就永不壞，那是「成性存存，道義之門」。一說到「這個」，不壞也原本是平平。

只不過，常軌又爲何走失？

那是由於常道的失墮！

而常道的失墮，則是由於人性的消沉。但於此，一簡單化起來，則又昇起來，因而復活起來。復活是由於醒覺，醒覺是由於昇起，昇起則是由於簡單化。若一繁複，則便消沉，一消沉就昏迷，一昏迷就死去。但死去又如何能夠？一死一切死，一壞一切壞，既是這個不壞，則這個又如何能夠死去？於此，一不死去，便又醒覺，則萬象森然，多之爲美。繁複裏有了統一，這便又有了簡單化，有了少之爲貴。高高山頂立，深深海底行，儘是莊嚴，豈無賓主？在這裏，人性就作了主了。

五代時，天下亂離。郢州牧主特請風穴禪師去度夏。風穴是臨濟和尚門下的尊宿。臨濟當初在黃蘗和尚會下栽松的時候，黃蘗問他：「深山裏栽許多松作什麼？」他就說：「一與山門作境致，二與後人作標榜。」說了便钁地一下。黃蘗道：「雖然如是，子已喫二十棒了。」臨濟又打地一下云：「噓噓。」黃蘗便說：「吾宗到汝大興於世。」這時，臨濟一宗，果然大盛。風穴既爲臨濟下尊宿，凡是問答垂示，語句尖新，攢花簇錦，字字皆有下落。有一日，郢州牧主請他上堂，示眾云：

「祖師心印，狀似鐵牛之機。去即印住，印住即破。只如不去不住，印即是，不印即是。」

是時座下有盧陂長老，亦是臨濟下尊宿，便出來和他對機，說是：「某甲有鐵牛之機，請師不搭印。」風穴答道：

「慣釣鯨鯢澄巨浸，卻嗟蛙步轉泥沙。」

巨浸乃十二頭水牯牛爲鉤餌，卻只釣得一蛙。盧陂想了一想。風穴就喝道：「長老何不進語？」盧陂擬議，風穴打一拂子，說道：「還記得話頭麼？試舉看！」盧陂想開口，風穴又打一拂子。郢州牧主久參風穴，解道「佛法與王法一般。」當風穴問他：「見個什麼道理？」他就說道：

「當斷不斷，反招其亂。」

要知在深山裏栽松，是多事，也是無事，由此透得過去，回得轉來，便是人性作主。栽松作景致，作標榜，只钁地一下，便悟其不必如此。然此已是傷痛的事，所以說喫了二十棒。但再打一下，更悟其何妨如此，所以終於「噓噓」，因已透過，歸來有主了。此後臨濟就有「賓看主，主看賓，主看主，賓看賓」的四賓主話。風穴深悉此「一向作主」之道，故渾是一團精神，善能隨機說法。這次在郢州衙內，與盧陂對機，也是一任自性作主。人性難言，人性深不可測。人性是無可執而執，無可說而說。人性易沾滯，但一沾滯即歸零碎，因其本無沾滯而沾滯，有著與無著，都無可無不可。惟總須得不斷的上提，不斷的前奔，其機至神，非石人木馬之機，而實爲鐵牛之機。此鐵牛之機，人人都有。盧陂所言，原有所見，只因風穴提起巨浸，不免佇思。此一佇思即是沾著，即是失靈。其未能一任自性作主處，便招來風穴的一拂再拂。此之謂擬議便乖，纔未提起，便即下沉。在這裏，總須得常惺惺地纔是道理。瑞巖和尚常自喚主人公。又自咎道：「喏。」復自言自語云：

「惺惺著，他後莫受人瞞卻。」

風穴對此，初初還以為只是「自拈自弄，有什麼難處」。後在襄州鹿門與廓侍者過夏，廓侍者指導他去參見南院和尚，纔豁然大悟。這次他能擒住盧陂長老，正是他的自性當機立斷，常能作主「而惺惺」之故。

人性的了悟，至為不易，但你能尊敬著並崇奉著，則由敬而靜，由靜而明，也就不為不易。雲門禪師，垂語接人，說是：「人人盡有光明在，看時不見暗昏昏。」他如此垂示，凡二十年，都沒有人能知其意。香林禪師便請他自己說出，他就說：「廚庫三門。」但又說道：「好事不如無。」廚庫三門，原是徹內徹外。人性一點，更是徹上徹下。此之謂通體透明。你能一下見到，自是好事。但若一見到，就不再向上透，向前奔，這便是玩弄光景，一味騰空。到此，所謂有見，實不如無見。因本來無事，如此反成多事，豈非糟糕？本來光明，如此反來陰影，豈有了期？盤山禪師道：「心月孤明，光呑萬象。」在人性裏，儘有眞常獨露。在夜間，那是月亮，在白日，那分明是太陽。陽光普照，大地回春，那並不是淒清，而是溫暖，所以不僅是光呑萬象，而是暖生萬物。對著人性，總得要尊敬他，崇奉他，纔能了悟他。看時不見暗昏昏，那是敬意的消失。但如眞了知其是「廚庫三門」，徹內徹外，並悉「好事不如無」，徹上徹下，決非光景，則一番敬意，也就油然而起了。

敬意油然而起，便是常惺惺地。這就儘可以讓一切接上來。只要切實接上了這一點點，就可以眞正建立起一點點。於是同生同死，自不待言；猛將謀臣，更何須問？因爲只要眞正建立起一點點，就會實際有了一點點。這同生，在這裡算得什麼？這同死，在這裡算得什麼？這謀臣猛將，在這裡又算得什麼？只家國立下雄基，世界就清風萬里。但要家國立下雄基，卻必須立下這一點點。

立下了這一點點，一切便會簡單化到這一點點，一切也便會集中到這一點點，並由這一點點作其一切的出發點。

當由這一點點作其一切的出發點時，那便會「一句話就是一句話」。到一句話就是一句話時，這便「一言興邦」。

當由這一點點作其一切的出發點時，那便會「一個人眞是一個人」。到一個人眞是一個人時，這便「一人定國」。

當由這一點點作其一切的出發點時，那便會「一個念頭總是一個好念頭」。到一個念頭總是一個好念頭時，那便會「以善爲寶」，從而以中國爲一人，以天下爲一家。到此，自然會是興盛的國家和清平的世界。

這所謂建立的一點點，就是一塵，就是常道。惟這一常道，可以切實接上人性，而富其向上一機。惟這一常道，可以實際有著常軌，而能讓一切通行。失此常道，則即上與人性脫節，而下則無軌可循。家國喪亡，勢所必至。

一塵是簡單化之至，常道也是簡單化之至。

但一塵有關於家國的興亡，而常道竟常爲人所忽，有如一塵。於此有誰能與之同生同死，而又「萬里清風只自知」呢？於此，更有誰能因之就完成著自己呢？

十二、鏡清的雨滴聲

一日，鏡清禪師問一僧人道：

「門外是什麼聲？」

「雨滴聲。」那僧人答。

「眾生顛倒，迷己逐物。」鏡清說。

「和尚作麼生？」那僧人問。

「洎不迷己。」鏡清說。

「洎不迷己，意旨如何？」僧人問。

「出身猶可易，脫體道應難。」鏡清答。

同樣的，鏡清還曾問「門外什麼聲」？僧人答是鵓鳩聲。鏡清便道：

「欲得不招無間業，莫謗如來正法輪。」

同樣的，鏡清還曾問「門外什麼聲？」僧答是蛇咬蝦蟆聲。鏡清就道：

「將謂眾生苦，更有苦眾生。」

這些都是好言語。不管門外是蛇咬蝦蟆聲，或是鵓鳩聲，或是雨滴聲，會總是好聲音。凡是能夠進入耳裡來的，會總是好聲音。有好聲音從耳入，就有好言語從口出。要知這一出一入，又是什麼呢？聲音是一個宇宙，言語又是一個宇宙，這一出一入，就勾通了兩個宇宙。只是在我們是言語，而在言語裏卻是聲音。在他們是聲音，而在聲音裏卻是言語。有誰能了然於蛇咬蝦蟆聲中的言語？有誰能了然於鵓鳩聲中的言語？有誰能了然於雨滴聲中的言語？

我們說蛇咬蝦蟆聲，是一種慘叫之聲。但這慘叫之聲，在宇宙間和在我們的門外，是否相同？在我們的門外，那是殺伐。但在宇宙間，那是遊戲。「天地不仁，以萬物爲芻狗」，那是眾生苦。但萬物的本身，又復以萬物爲芻狗。在那裏，更儘有苦眾生。然則就眾生苦與苦眾生相互構成的聲音，在門外和在宇宙間，果眞會有殺伐與遊戲之別麼？那總有一番言語，那總有一番告白，只是我們不能了然，就無從分辨。但不論如何，慘叫之聲，纔一透過，也儘是一種大機大用的好聲音。

我們說鵓鳩聲，是重濁之音。但這重濁之音，在宇宙間和在我們的門外，就眞的不是一般麼？在鵓鳩的重濁音中，人們還可以驗晴驗雨。在那裏如果沒有一個宇宙的消息，鄭重告人，竟爲什麼會成了重濁之音呢？對這重濁之音，我們說：「欲得不招無間業，莫謗如來正法輪。」只是再一透過去吧！在重濁之音中，就眞的沒有一點人間的消息，正告鵓鳩麼？那究竟是我們的門外之聲。既是門外之聲，又何重濁呢？慘叫之聲如彼，重濁之音如斯。生命於此，究竟是陷落在一個什麼樣的深淵裏？只是纔一透過，前者既有其大機大用，後者也正似暮鼓晨鐘；總之，是一種好聲音。

於是要說到門外的雨滴聲。

在門外的雨滴聲中，我們也許會淚下潺潺，感覺到全宇宙的淒清。在那裏，生命是怎樣的？那會是來無踪，去無跡，只是一點一滴的。

在門外的雨滴聲中，我們也許會「我醉欲眠」，感覺到全宇宙的飄蕩。在那裏，至親的人兒是怎樣的？那會是東一個，西一個，只是零零落落的。

就這樣在門外的雨滴聲中，我們的心頭是各種各樣，我們所感覺到的宇宙，也是各種各樣。但不管如何，纔一覺來，總歸是悵然若失的。不復捉摸到各種各樣的心情，便即失掉了形形色色的宇宙。只不過剩下一種心情，愈來愈覺明朗，終於頓然通透。只不過剩下一個宇宙，愈來愈是清晰，終於突然光明。於是門外雨滴之聲，也即愈來愈稀，終於一下消失。

在門外的雨滴聲中，誠然是儘有著眾生的顚倒。但眾生顚倒，若一透過去，不也正是一種生命的本身的奧秘麼？就因如此，門外雨滴聲，愈是顛倒，便愈成了一種好聲音。

在門外雨滴聲中，誠然是儘有人迷己逐物。但在迷己逐物裏，若一透過，不也正有一種生命的本身的美妙麼？就因如此，門外雨滴聲，愈是迷己，便愈成了一種好聲音。

只不過，門外的雨滴聲，固是任憑怎樣，都成一種好聲音，但也是無論如何，究爲一種好言語。是好聲音，就會有無盡的境。是好言語，卻只能有一個主。

就這樣，在門外的雨滴聲中，凡是一個生命就會被一種好聲音引出去，又會被這一種好言語喚回來。這好言語，這好聲音，對生命說，會是兩般，但對宇宙說，卻是一個。那是全宇宙的韻律，那也是全宇宙的耳語，只一透過去，你便清醒；只一清醒，你便不迷。此之謂「洎不迷己」。一切是通透的，所以一切是光明的。一切是光明的，所以一切是通透的。門外的雨滴聲，是通透的。門外的鵓鳩聲和門外的蛇咬蝦蟆聲，也是通透的。所以都是好聲音，又都是好言語。在這裡，鏡清禪師所言，自然也都是好聲音和好言語。

只不過，「出身猶可易，脫體道應難」。這爲的是：好聲音只一聲兩聲易，好聲音成一大樂章難；好言語只一句兩句易，好言語成一大篇章難。通透又復通透，一處兩處易，貫通難。光明又復光明，一陣兩陣易，相續難。但若有主，就須相續。但若是主，就須貫通。在聲色堆裏坐，必須有主。在聲色頭上行，必須是主。

有一日，風穴和尚見鏡清。

「近離甚處？」鏡清問。

「自離東來，」風穴答。

「還過小江否？」鏡清又問。

「大舸獨飄空，小江無可濟。」風穴又答。

「鏡水圖山，鳥飛不渡，子莫盜聽遺言。」鏡清說。

「滄溟尚怯艨艟勢，列漢飛帆渡五湖。」風穴說。

於是鏡清豎起拂子，說道：

「爭奈這箇何？」

風穴云：「這箇是什麼？」

鏡清云：「果然不識。」

風穴云：「出沒舒卷，與師同用。」

鏡清云：「杓卜聽虛聲，熟睡饒譫語。」

風穴云：「澤廣藏山，理能伏豹。」

鏡清云：「赦罪放愆，速須出去。」

風穴云：「出即失。」乃便出至法堂上，自己對自己說：「大丈夫公案未了，豈可便休？」卻回再入方丈。鏡清坐定了，風穴便說：

「某適來輒呈駭見，冒瀆尊顏，伏蒙和尚慈悲，未賜罪責。」

鏡清云：「適來從東來，豈不是翠巖來？」

風穴云：「雪竇親棲寶蓋東。」

鏡清云：「不逐亡羊狂解息，卻來這裏念詩篇。」

風穴云：「路逢劍客須呈劍，不是詩人莫獻詩。」

鏡清云：「詩速秘卻，略借劍峰。」

風穴云：「梟首甑人携劍去。」

鏡清云：「不獨觸風化，亦須顯顢頇。」

風穴云：「若不觸風化，焉明古佛心？」

鏡清云：「何名古佛心。」

穴又云：「再許允容，師今何有？」

鏡清云：「東來衲子，菽麥不分。」

風穴云：「只聞不以而以，何得抑以而以？」

鏡清云：「巨浪湧千尋，澄波不離水。」穴云：「一句截流，萬機寢削。」風穴便禮拜，鏡清以拂子點三點云：「俊哉，且坐喫茶。」

好聲音裏，可以領會著好言語。門外的雨滴聲，鵓鳩聲，蛇咬蝦蟆聲，都是好言語。好言語裏，可以領略著好聲音。鏡清與風穴二人，分明是在那裏商量浩浩地。一個是山水有清音，一個是海濤無停息。兩人交換所見。鏡清所見是眞，風穴亦所見是實。風穴欲驗鏡清之眞，於是大舸飄空，列漢飛帆。鏡清欲驗風穴之實，慮其未過小江，盜聽遺言。及鏡清豎起拂子，而風穴竟道理能伏豹，遂露氣魄。於簡單化之境，竟似作成光景。鏡清即令出去，蓋所以出此光景。及風穴有悟再返呈劍獻詩，於聞菽麥水波之言，而能禮拜，遂又歸實。於是鏡清以拂子點三點，即是自肯，肯人，並肯定彼此在言語裏，在聲音中，在宇宙間，會都是主。當鏡清點了以後，說是：「俊哉，且坐喫茶，」這更使人在一種好言語裏，領略到一種好聲音。

對門外雨滴聲，鏡清與僧人如此酬答，會令人憶及鏡清與風穴一番對話，這是由好聲音裏，憶及好言語，又由好言語裏，識取好聲音。於此好言語和好聲音，會是相通的。好聲音傳出了宇宙的渾然。好言語道出了人間的清晰。只不過，是清晰的人間，就應接納著一個渾然的宇宙。是渾然的宇宙，就應接納一個清晰的人間。在渾然的宇宙中，那是萬物一體。在清晰的人間裏，那是清明在躬。

對門外的雨滴聲，鏡清和那一僧人的言語，雲竇禪師還有著如下的頌：

「虛堂雨滴聲，作者難酬對。若謂曾入流，依前還不會。會不會？南山北山轉雱霈。」

爲什麼虛堂雨滴聲，也難酬對呢？雨滴之聲，是如此尋常。但尋常雨滴見諸言語，又豈容易麼？會有人於此發問，會有人於此回答。這一酬對，會究竟是一種如何的酬對？這是不可不知的。禪門中常言：「初於聞中入流忘所，所入既寂，動靜二相，了然不生。」那僧人酬對，說門外是雨滴聲，果就是雨滴聲了嗎？但如說門外不是雨滴聲，果就不是雨滴聲了嗎？是雨滴聲，或不是雨滴聲，總要透過去，那纔能清楚地看見一個宇宙的不住的流轉。否則，南山北山，就不至轉而雱霈了。

門外雨滴聲，一滴一滴地，那是簡單化到了極點的一滴一滴。

門外雨滴聲，一聲一聲地，那是簡單化到了頂端的一聲一聲。

在那一聲一聲中，言語是如此美妙。

在那一滴一滴裏，生命是如此充盈。

十三、洞山的寒暑

一僧問洞山禪師道：

「寒暑到來，如何迴避？」

洞山道：「何不向無寒暑處去？」

僧問：「如何是無寒暑處？」

洞山說：「寒時寒殺闍黎，熱時熱殺闍黎。」

不會有更寒的，就是無寒。不會有更熱的，就是無熱。寒時寒殺闍黎，那就不會有更寒的，如此便諸寒不到。熱時熱殺闍黎，那就不會有更熱的，如此眾熱不來。對人而言，寒殺了人，就是寒到極點；熱殺了人，就是熱到了極點。從一到零（1→0）是一個極點。從零到一（0→1），也是一個極點。因此，所謂極點，不是零點，就是一點。寒到極點是無寒或一點寒。熱到極點是無熱或一點熱。於是無寒暑處，是極寒極熱處，又是無寒無熱處，或只是一點寒一點熱之處。說這話，原本像是一個戲論。但要迴避寒暑，卻只好向這無寒暑處去。

有一次，曹山禪師問一僧人道：

「恁麼熱，向什麼處迴避？」

僧人回答：「鑊湯爐炭裏迴避。」

曹山道：「鑊湯爐炭裏如何迴避？」

僧人道：「眾苦不能到。」

既在鑊湯爐炭裡，自是苦到極點。苦到極點，就不會有更苦的，就是眾苦不能到，就是苦到一點，就是苦到零點，就是無苦。恁麼熱，不過是苦。但一迴避到鑊湯爐炭裡，苦到極點，不復更苦，豈非熱的苦，也不能到，就迴避了熱麼？

黃龍新和尚拈示云：

「洞山袖頭打領，腋下剜襟，爭奈這僧不甘，如今有個出來問黃龍，且道如何支遣？」

停了很久，他又說道：

「安禪不必須山水，滅卻心頭火自涼。」

所有窮是什麼？苦是什麼？寒是什麼？暑是什麼？以至清涼是什麼？禪意或祖師西來之意是什麼？這些日子，總得要透過去。窮未極時不知窮，苦未極時不識苦。寒暑未來時，無寒暑。清涼未到時非清涼。同樣，禪意與祖師西來意，未得其意時，即無意。但窮已極時，已不復窮。苦已極時，已不復苦。寒來即往，暑來即往，清涼是在寒暑間，永無定住。禪意與祖師西來之意，如得其意，即成己意，而非其意。是知未窮固不知窮，即窮亦不知窮。未苦固不識苦，即苦亦不識苦。寒暑清涼，亦復如是。禪意祖意，何獨不然？果眞如此，窮苦寒暑清涼與夫禪意祖意，豈非終將不識不知？只不過，纔一透過去，就儘會能知能識了。

有一僧人問翠微禪師：「如何是祖師西來意。」

翠微說：「待無人來，向儞道。」

於是他們便去到園子裏行走著。

那僧人道：「此間無人，請和尚道。」

翠微手指著竹子道：

「這一竿竹，得恁麼長。那一竿竹，得恁麼短！」

那僧人便忽然大悟起來。

祖師西來意，須待無人來，始好說。禪意如何？清涼、寒暑以至窮苦之意如何？亦須待無人來，始好說。但如何是無人處？在園子裏，固有「這一竿竹，得恁麼長，那一竿竹，得恁麼短！」而且翠微禪師在那裏，那一僧人又伴著翠微來。但就是在山之涯，在水之滸，終於也還是人間，樵夫可以到，漁父也可以入，而且鳥在山頭，是那麼橫飛，魚在水邊，是那麼縱躍。更何況還有松聲，還有泉聲，還有蟲聲還有蛙聲，又有霜雪之來，又有風雲之變呢？凡有寒暑處，就是有生命處，凡有生命處，就是有窮苦處。因而也就是有清涼處，有禪意處，有祖師西來之意處。這如何能是無人處？這如何能待無人來呢？知道了獨自行走時如何，就會知道寂天寞地時如何。知道了三三兩兩人來時如何，就會知道驚天動地時如何。只緣蔭隨處有，牽掛一時無，偶值行人到，始能識世途。世途多種，世路多端。其歧異處，乃其縱橫處。憧憧往來，朋從爾思。就是無人來。也要想到有人來，就是無人處，也要想到有人處。「吾非斯人之徒與，而誰與？」於此，由識得世途，轉而入了世網。從而，無寒暑處，更思及有寒暑處，無窮苦時，更想及眞窮苦時。果無寒暑，盡是清涼，反不能耐。果忘窮苦，長居樂園，就須犯罪。固不必一定要等待秋風秋雨愁煞人，和所謂蛇的誘惑，始不能耐，始會犯罪。到這裡，識得寒暑，纔識得清涼。識得清涼，就識得大開脫。同樣，識得窮苦，纔識得禪意。識得禪意，就識得無邊際。達摩之來，會無行跡。西來之意，也無邊際。而無邊際，正就是開脫。既是開脫，寒時就不會寒殺闍黎，熱時就不會熱殺闍黎。如此有大寒暑處，正是無眞寒暑處，所謂迴避，也正是「無所謂迴避」了。

又曾有僧人去問洞山道：

「文殊普賢來參時，如何？」

洞山云：「趕向水牯牛群裡去！」

僧云：「和尚入地獄如箭。」

洞山云：「全得佗力。」

文殊普賢是清淨身，他們住的是清涼境。但水牯牛群卻吃的是青草，有的是勞力。他們流著汗，負著犁，他們把瘴癘之地，都犁成了水田。他們親近了大地，並作了大地的象徵，忍受著一切，含容著一切，負載著一切，緩緩地並從容而樂意地犧牲著自己，他們一倒下來，大地就平起來，人間就昇起來。他們又是強力的象徵，又是犧牲的象徵。他們會讓油油的禾黍，仰對著青青的天空。文殊普賢在天空中隱隱約約。而他們卻在阡陌間，吐露眞誠。文殊普賢在天空，不識寒暑，而他們卻在阡陌間，受盡炎涼。文殊普賢是在無寒暑處，而他們卻正致力於大寒大熱時。漢時賢相丙吉，見牛喘，即深恐時節失序，陰陽失調，足知他們對時序對陰陽，都儘有其極大的感通，而無負於一大寒暑。無寒暑處和無負於寒暑處，分明是兩個境界，但這兩個境界，是同是異，是矛盾，是諧和？總須得有個交代，有個處理。待文殊普賢來參見時，就趕向水牯牛群裡去，這就是對此兩個境界，作了一次交代，作了一次處理。爲此而入地獄如箭，豈非「全得佗力」。

大家都知道洞山禪師下，五位回互，正偏接人，雖是奇特，但總不過是要到這向上境界，不消更有安排。其問「何不向無寒暑處去？」那是偏中正。所謂「偏中正，失曉老婆逢古鏡，分明覿面別無眞，休更迷頭猶認影」。在此，你總要再向上透過去，要認眞而不認影。其所云「寒時寒殺闍黎，熱時熱殺闍黎」，那是正中偏。圜悟禪師說他雖正卻偏。雖偏卻圓。要知：「正中偏，三更初夜月明前，莫怪相逢不相識，隱隱猶懷舊日嫌。」在此，你也總要再向上透過去，要絕無嫌猜。據傳金鱗之類，振鬣擺尾時，直得乾坤動搖。在此，要透過去，就須得有如金鱗之透網。

三聖禪師問雪峯禪師道：

「透網金鱗，未審以何爲食？」

雪峯云：「待汝出網來，向汝道。」

三聖云：「一千五百人善知識，話頭也不識。」

雪峯云：「老僧住持事繁。」

只要透過去，一切可以不問，因爲出得網來，凡百即可明白，而且還會是現成的。什麼是「話頭」呢？禪門的話頭，實在是常語。只要是常語，就是實語，所謂「老僧住持事繁」，是常語，正是實語。只要眞正向上透過去，便大有事在。大有事在，便是事繁。既是事繁，便無空語。既無空語，豈識話頭？到這裡，那便是耐煩要緊，耐苦要緊，耐窮要緊，耐乏要緊，以至耐寒要緊，耐暑要緊。只要耐得住，就可迴避得了。耐得住寒暑，就是清涼。耐得住窮乏，就是禪意。耐得住煩苦，就是祖心。在心裡，再由祖心禪意和清涼處透出去，這便是自由自在。不消安排，終於無事，也不復更有煩簡，更有窮通，以至不復更有榮枯，與夫寒暑了。

目視雲霄，即是萬仞峯頭。灰頭土面，即是垂手邊事。但有時灰頭土面，即在萬仞峯頭。萬仞峯頭，即是灰頭土面。是入鄽垂手，正同孤峯獨立。洞山因僧人要迴避寒暑，便教他向無寒暑處去。到那僧人果然思及無寒暑處，又教他大寒處和大熱處。寒暑於此，便似古殿月影，讓那僧人捉來捉去，有如《戰國策》裏所說之韓獹，據云：「韓氏之獹，駿狗也，中山之兎，狡兎也。是其獹，方能尋其兎。」那僧人求道之心亦正如韓獹尋兎之切。只不過此兎究非彼兎，當僧人走到殿階，便又不見了月影。雪竇禪師於此有頌云：

「垂手還同萬仞崖，正偏何必在安排？琉璃古殿照明月，忍俊韓獹空上堦。」

對著窮通，對著苦樂，對著閒忙，對著寒暑，以至對著禪意、對著祖意，總不應有如韓獹，捉著月影。總要透過去，總要向上透過去。

十四、臨濟的托開

忠國師問紫璘供奉：「聞說供奉解註《思益經》，是否？」奉云：「是。」師云：「凡當註經，須解佛意始得。」奉云：「若不會意，爭敢言註經？」師遂令侍者將一椀水，七粒米，一隻筯在椀上，送與供奉。問云：「是什麼義？」奉云：「不會。」師云：「老師意尚不會，更說甚佛意？」

京兆米七師行腳歸，有老宿問云：「月夜斷井索，人皆喚作蛇，未審七師見佛時，喚作什麼？」七師云：「若有所見，即同眾生。」

定上座問臨濟禪師：「如何是佛法大意？」濟下禪床，擒住，與一掌，便托開，定佇立。傍僧云：

「定上座何不禮拜？」

定方禮拜，忽然大悟。

定上座是向北人，最樸直，他被臨濟禪師一掌，禮拜起來，便知落處，既得之後，更不出世。他有次在鎮州齋回，到橋上歇，逢三人座主，一人問：

「如何是禪河深處須窮底？」定上座就擒住他，擬拋向橋下。

時二座主，連忙去救，說道：

「休休，是伊觸忤上座，且望慈悲。」

定上座這纔說道：

「若不是二座主，從他窮底去！」

臨濟禪師有一日向眾宣示道：

「赤肉團上，有一無位眞人，常往汝諸位面前出入。未證據者看看。」

當時就有一僧人出來問道：

「如何是無位眞人？」

臨濟便把他擒住云：「道道。」僧人想答話時，他一下子便托開他道：

「無位眞人是什麼乾屎橛？」

臨濟說完，便回歸方丈。後來定上座把這事說給巖頭、雪峯、欽山三禪師聽。巖頭不覺吐舌，欽山卻說：

「何不道非無位眞人？」

於是定上座便把欽山擒住道：

「無位眞人與非無眞人，相去多少？速道，速道！」

欽山弄得無話說，面黃一陣青一陣。巖頭雪峯便近前禮拜云：

「這新戒不識好惡，觸忤上座，望慈悲，且放過。」

定上座這纔說著：

「若不是這兩個老漢，𡎺殺這屎床鬼子。」

上述數則禪門故實，可以深深給我們體會到的是：對佛意，或是對無位眞人，或是對禪門深處，以至對其他一切，總得要托開它。臨濟禪師把定上座擒住，與一掌，便托開。這托開了定上座，正是「托開它」的一種好象徵。

忠國師對紫璘所言：「師意尚不會，更說甚佛意？」這也是「托開它」。

七師對一老宿言：「若有所見，即同眾生。」這也是「托開它」。

定上座從臨濟處有了省悟，自獲受用後，把一座主擒住，擬抛向橋下，「從他窮底去」。這也是「托開它」。

同樣，定上座對欽山禪師說要「𡎺殺這屎床鬼子」，這一樣是「托開它」。

這「托開它」，對佛法或對無位眞人，對禪河深處，以及其他的「托開」，表面看來，會是一大否定，但究其實，卻分明是一大受用。

只有「有所受用」，纔能有所肯定，亦只有「有所肯定」，纔能有所受用。這所謂受用，自然是對人生與對人間而說的有所受用。

紫璘自云會佛意以註《思益經》，實則如眞會佛意，則《思益經》，正所以註他自己，如何還會是他來註《思益經》？他對佛意未能受用，而只是註經，那便經是經、佛是佛，他自己是他自己，漠不相關，空耗心力。這正如「一椀水，七粒米，一隻筯在椀上」，決不能飽著肚子，決不能有何用處！於此，如眞欲受用，便必須把佛托開，把經托開，也把自己托開，再讓佛意是經意，經意是己意，而己意更有當於佛意。只有這樣一開，才能有如此一合，纔能眞有所肯定，因之，纔能眞有所受用。一托開，便不致陷溺。陷溺於佛，陷溺於經，亦正如陶醉於己，陶醉於物，到此便必須開脫。一開脫，就清醒，一開脫，就優遊。於是己與物相忘，而佛與經則更與生命爲一。此之謂受用。

老宿問七師見佛時，喚什麼？實則七師如眞見佛，老宿亦必見佛。同樣，其他人士，亦必見佛，是則佛乃人人可見，人人必見。既是人人見佛，佛必有一名爲人人所呼喚，並爲人人所公認。此人人所呼喚之名，必爲人人所公認之名。而爲人人所公認之名，亦必爲人人所呼喚之名。如所喚之名，非人人所呼喚之名，即非人人所公認之名，則所喚之名，即不成立。同樣，如所喚之名，非人人所公認之名，即非人人所呼喚之名，則所喚之名，亦不成立。欲求所喚之名，能獲成立，必須使所喚之名，從自己這裡托開去，俾其能爲人人所喚，能爲人人所認。同時，欲求所見之佛，能獲成立，亦必須使所見之佛，從自己這裏托開去，俾其能爲人人所見，能爲人人所識。這一「托開」，對一個人說，那是簡單化，對所有的人說，那是客觀化。一個佛的存在，會正如一個人的生命的存在。那一方面是一個簡單化的存在，一方面又是一個客觀化的存在。只一托開，便有了存在，有了「一」的存在，也有了「一切」的存在。因之，只一托開，便有所名，便有所見。但若有所名，即爲公認。若有所見，即同眾生。於此，存在乃普遍之存在，名乃公認之名，見乃眾生之見。只一托開，就十分開朗，此之爲受用。

定上座因一座主要窮禪河深處，便想把他抛向橋下。這抛向橋下，也不過是把他托開去。只一托開，便讓禪河深處是在廣處，而非窄處。在廣處，則愈窮愈廣。在窄處則愈窮愈窄。須是洪波浩渺白浪滔天處，方有龍藏。禪門決非窄門。因之，要窮禪河深處，必須是豪傑之士，喝就喝，打就打。機對機，靈對靈。擒就一下擒住，放就一下放開。稍縱即逝，不能有一點沾滯。於此，一個人的胸襟是在智慧裏，一個人的智慧也是在胸襟裏。胸襟到了極開闊處，智慧就到了頂點。智慧到了頂點，胸襟也就到了極開闊處。這對個人的生命，是保持元氣。這對民族生命，是保持活力。所謂禪門深處，會就是生命的深處。生命的深處是活力活現，是元氣渾然。這必須托開去，方能不致於窒息，能不窒息便是受用。

赤肉團上，有一無位眞人。既是眞人，也就應當是眞我。在這裡，還要問如何是無位眞人，就必須要托開去，使眞人成爲眞我，眞我成爲眞常，眞常成爲眞實，眞實成爲眞的客觀化，普遍化，簡單化，以至卑微不足道。此臨濟所以要托開說無位眞人是什麼乾屎橛。巖頭禪師對此不覺吐舌，那是驚異於此托開，不免托開得太猛。但欽山禪師所言「何不道非無位眞人？」僅欲一泯此「眞人」之相，免成光景，則似不關痛癢。故定上座便即嚴詢此二者相去多少。實則二者又何曾相去絲毫？道成肉身，肉身亦復成道。只「屎床鬼子」，纔會是「肉身是肉身，道是道，漠不相干，兩不相識」。在這裏，「叾殺這屎床鬼子」，即是托開去。只一托開，則卑微不足道的，已是淨化，簡單化。簡單化了的，已是普遍化客觀化。於是眞實就是眞常，眞人就是眞我。在這裡，一切是清明，不是渾沌。但一不托開，即成渾沌。一成渾沌，便不復是一受用了。

臨濟禪師以前在會下，睦州禪師爲首座，要他去向黃蘗師問「如何是佛法的大意？」臨濟去問，竟被黃蘗三度打出，便想暫且下山。睦州又要他向黃蘗辭行，而睦州自己則先去黃蘗處說：

「問話上座甚不可得，和尙何不穿鑿教成一株樹去，與後人爲陰涼？」

黃蘗道：「吾已知。」待臨濟來辭行時，黃蘗要他去見大愚禪師。臨濟見大愚，遂舉前話，問道：「不知某甲過在什麼處？」大愚說：

「蘗與麼老婆心切，爲儞徹困，要說什麼有過無過？」

臨濟忽然大悟，說是：「黃蘗佛法無多子。」大愚搊住他，說：「儞適來又道有過，而今卻道佛法無多子。」臨濟於是在大愚脇下𥚃三拳。大愚托開道：

「汝師黃蘗，非干我事。」

以後臨濟即獲黃蘗眞傳，黃蘗大機大用，惟臨濟獨繼其蹤。臨濟在睦州會下時，竟不知向黃蘗問話，須睦州教他如何問，他纔如何問，這全是一個人的寶藏未開啓時的情境。在那裏，會有珠光閃爍，但全被疑情所壓蓋。此在慧眼人，自可洞悉，故睦州看得分明，黃蘗更看得清楚。睦州以爲臨濟的寶藏，可以言語開啓，故要他發問。但黃蘗則見到臨濟的疑情山積，非痛打不能托開。相傳巨靈神有大神力，曾以手擘開大華山，放水流入黃河裡。這時黃蘗的三次打出臨濟，會正如巨靈之以手擘開大華山。到臨濟見了大愚，大愚說黃蘗只是婆心，無所謂過。於是臨濟始悟其一已疑情山積之非，而心嚮黃蘗之一簡單化境界的「無多子」。再等到大愚提到他所說的有過時，臨濟始更恍然於其昔日之過，在「無多子」下，正是不及。一悟「不及」，便只有簡單化，始是究竟。向前看來是過，回頭一看就是不及。如此，原屬大愚，一轉便爲大智。山一擘開，水便流出；疑情消解，珠光也就四射了。臨濟至此，手揑三拳，正無異是三箭定了天山。大愚禪師知其頓獲黃蘗三度打出，亦即三度托開之大機大用，故對臨濟便說「汝師黃蘗，非干我事」。一托開，便拈起。一躊躇，便落下。臨濟以前在躊躇裏，在疑情裏，只是落下，所以只是不及。及獲黃蘗之一托開，一拈起，便也就是「無多子」了。

曾幾何時，定上座以一樸直人，又向臨濟禪師去問：「如何是佛法大意？」這當然是又臨到了臨濟禪師的大機大用了。

其實，臨濟禪師的大機大用，不也還是那一「托開」的大機大用嗎？

定上座一問如何是佛法大意之後，即被臨濟禪師擒住，打了一個耳光，又托開他。如此一來，定上座便佇立著，這一佇立，便是一大轉捩點。若再停住，便無由轉過去，幸旁邊一僧人提醒他，他便禮拜著。一托開，便空闊，原有的渣滓，便烟消雲散。一禮拜，便凝聚，原有的苦辛，便全是受用。於此，由黃蘗的「無多子」，到臨濟的「無多子」，而由臨濟的「無多子」，便又到了定上座的「無多子」。所謂佛法大意，那只是「大意」，必須擒住，其意始實。必須托開，其意始大。「實」是凝聚，「大」是空闊。「實」會是「無多子」，

「大」也會是「無多子」。因之，是大意也就是實意，是實意也就是婆心。於此有悟，便自悚然。纔一禮拜，便獲受用。疑情山堆嶽積，至此瓦解冰消，此實一「托開」之大機大用。故雪竇禪師有頌云：

「斷際全機繼後蹤，持來何必在從容？巨靈抬手無多子，分破華山千萬重。」

在這裡，一托開，就是巨靈抬手。一抬手，就已大華闢開。十方坐斷，千眼頓開，一句截流，萬機寢削。要知：只是這一點點，那還不是簡單化之至麼？總要托開他，那纔是乾坤大地，一時露出。總要受用著，那纔是萬物皆備於我，反身而誠。在這裡，儘有莫大之樂，也儘有莫大之事。纔一托開，便智及於「此事」。纔一受用，便能底於「完成」。

十五、投子的投明須到

有一僧人直往舒州投子山，投子禪師從這蜀人處，知道了大隋和尚所說的「隨他去」一語，便焚香禮拜，說是「西蜀有古佛出世」。

投子是樸實頭，常開口便見膽，每每說：

「爾總道：投子實頭。忽然下山三步，有人問爾道：如何是投子實頭處？爾作麼生抵對？」

有一僧人問：「如何是佛？」

投子云：「佛。」

這僧人又問：「如何是道？」

投子云：「道。」

又問：「如何是禪？」

投子云：「禪。」

又問：「月未圓時如何？」

投子答：「呑卻三個四個。」

又問：「圓後如何？」

投子答：「吐卻七個八個。」

又有僧人問投子：「金鎖未開時如何？」

「開。」投子答。

「金雞未鳴時如何？」僧問。

「無這個音響。」投子答。

「鳴後如何？」僧又問。

「各自知時。」投子答。

所有投子禪師以上的種種答話，都是實話，他只是樸實人，說老實話。同時，這老實話又是尋常得無以復加的話。人家怎麼問，他就隨他答。人家怎麼來，他就隨他去。隨來隨去，隨問隨答，毫不費心，毫不費力。只是樸實，只是老實。但人們總以爲他有莫大的虛玄，莫大的機變。所以總愛向他問三問四，問玄問虛。其實，佛是佛，道是道，禪是禪，月未圓將圓，月圓後必缺，金鎖未開須開，金雞未鳴即寂，以至鳴後天亮，各自知時，那都只爲一就是一，二就是二，別無花樣，別無奇巧。要問如何是投子實頭處，這就是投子的實頭處。只不過莫大的虛玄，莫大的機變，卻總不能離開這「一就是一，二就是二」處。天下莫大的虛玄，就是樸實。天下至大的機變，就是老實。有此樸實心，一切就儘可隨他去。有此老實話，一切就儘可隨他說。只隨他去，就是「古佛出世」。只隨他說，就是萬化歸身。

又有一僧人問投子道：

「一切聲是佛聲，是否？」

投子云：「是。」

僧云：「和尚莫㞗沸碗鳴聲。」

投子便打。

那僧人又問：「麄言及細語，皆歸第一義，是否？」

投子云：「是。」

僧云：「喚和尚作一頭驢，得麼？」

投子便打。

對這一番對話及行動，雪竇禪師曾有一頌道：

「投子投子，機輪無阻，放一得二，同彼同此。可憐無限弄潮人，畢竟還落潮中死。忽然活。百川倒流鬧𣿭𣿭(古活切)。」

只因爲是個樸實頭，所以投子的機輪，便是轉轆轆地，全無阻隔。人們問一句，他只說一字。人們再要弄花槍，他就是打。老實的說過了，就樸實的打過去。只因爲老實的說過去，還會有破除了最後界限的花言巧語來，就必須要樸實的打過去。對老實的說話，還會有話說，便繼以樸實的打。如其對一樸實的打，還有何問題，那就只好隨他去。人既是一個人，世界既是一個世界，那一切總是同彼同此的。弄潮的人，潮中死，弄花槍的人，花槍下死。那僧人認眞的問，投子便老實的答。他答一個「是」字，那會有千斤重，那是全般的肯定。僧人於此，竟猶未能鄭重起來，還是挑剔的問，全沒有一點正面的精神，自落入了全般的否定。於此，投子痛打著他，正是投子的慈悲處。潮中死的人要想活，花槍下死的人要想活，總得要從潮水和花槍下拖出來。這一打，正是把他拖出來。到這時，如其能夠忽然活轉來，豈非天地間至爲熱鬧的事體，有如百川之倒流麼？

「一切聲是佛聲」，那是因爲佛在一切的聲音裏。同樣，一切色是佛色，那是因爲佛也在一切的形色裡。從一切的聲音裡，可以見到佛。從一切的形色裡，也可以見到佛。在這裡，一切的聲音，都是象徵。每一個形色，也都是一個象徵。總要透過一切的聲音，透過一切的形色，纔能見到一個意義，佛就是這一個意義。總要透過一切的聲音，透過一切的形色，纔能見到一個究竟，佛就是這一個究竟。見到這一個意義，就可以了知一切的價值，於是每一個聲音有他的價值，每一個形色有他的價值。見到了這一個究竟，就可以肯定一切的眞實，於此，每一個聲音是一個眞實，每一個形色，是一個眞實。佛是一個意義，這「意義」是對佛的一個形容。佛是一個究竟，這「究竟」也只是對佛的一個形容。凡是一個形容字眼，就不一定只限於形容一個名詞。而一個名詞，更可以有其一切的形容字眼。因之，說這一個意義是佛，也就可以說這一個意義是梵天，是上帝。說這一個「究竟」是佛，也一樣可以說這一個究竟是梵天，是上帝。以至其他種切。

反之，說佛，或梵天或上帝是一個意義，是一個究竟，也就儘可以說是本體，是太極，是乾元，以至其他種切。在這裡，任憑如何形容，任憑如何說法，總不如說：佛是佛，或梵是梵，上帝是上帝。剝落了一切的形容，剩下來的就只是一個名詞的本身。透過了一切的聲色，剩下來的就只是一個存在的本體。

僧問大龍禪師：「色身敗壞，如何是堅固法身？」大龍云：「山花開似錦，澗水湛如藍。」讓一個名詞就是一個名詞，不須任何的形容，這就是「山花開似錦」。讓一個存在，就是一個存在，卸下一切的聲色，這就是「澗水湛如藍」。眞到了那樣的山花開似錦時，那便是山色以至一切色，都成了佛色。這佛色會就是本色，或是梵天的色，或是上帝的色。眞到了那樣的「澗水湛如藍」時，那便是水聲以至一切聲，都成了佛聲。這佛聲會就是本聲，或是梵天的音，或是上帝的話。到這裡，僧云：「和尚莫㝉沸碗鳴聲。」說儘管如此說，但打則必須那麼打。只因爲這裡是宇宙，也是殿宇，這裡是人間，也是祖堂。會儘有其無上的莊嚴，會儘有其至高的沉重。這是絕對不容輕忽的。

「麁言及細語，皆歸第一義」。那是因爲在第一義裏，儘有細語，也儘有麁言。而且細語一歸入了第一義，便成了第一義的細語，麁言一歸入了第一義，便成了第一義的麁言。所謂「吟到梅花句亦香」，固不問其是長句，還是短句。從第一義說：凡是句子，就是詩；凡是話語，就是道。第一義是一句子，第一義是詩。第一義是一種話，第一義是道。對什麼是詩？會有種種的解說，和不可窮盡的形容。只不過「詩就是詩」，那卻是一個最後的解答。對什麼是道？會有種種的解釋和絕難休止的說明。只不過「道就是道」，那卻是一個最後的回答。說到「禪」，那在這裡，是詩又是道，但仍有其他種種的解說和解釋，以及其他各色各樣、無窮無盡的形容和說明。只不過「禪就是禪」，也總是一個最後的答覆。

雲門禪師示眾云：「古佛與露柱相交，是第幾機？」自代云：「南山起雲，北山下雨。」

要知古佛如何會與露柱相交呢？只不過，無窮的機，就在這裡。要知南山起雲，如何會北山下雨呢？只不過，雲雨的事，總在此間。雲中雨，雨中雲，以至苦中樂和樂中苦，也儘是正中偏，偏中正，以及音中色，和色中音。這裡的機，任是第幾機，都是一樣。那會是「大化」，所以總會是全機。在全機裏，那是無窮的機；在無窮的機裡，那是第幾機。既不過僅僅是第幾機，則此機之爲此機，也就十分微微，十分不足一道了。由此以言禪，自然會是麁言細語，俱無不可。由此以言詩，自然會是長句短句，莫不相宜。再由此以言道，也自然會是南北東西，任人行走。此何等事？竟可如此說去？只是，此何等事，豈不可如此說來？從「不可如此說去」上說，那是細語。從「何妨如此說來」上說，那是麁言。

在這裡，細語分明歸入了第一義，麁言也分明歸入了第一義。這第一義會是如何呢？這第一義有時會是月未圓時呑卻三個四個的情景，有時又會是月圓後，吐卻七個八個的境地。在那裏，如其是金鎖未開，就須得「開」。如其是金雞未鳴，就須得是「無這個音響」。等到一鳴之後，有聲有色時，那最重要的一著，便是「各自知時」。只因爲各自知時，一切便有了分曉；一切有了分曉，那便可以「隨他去」。於此，第一義就是第一義，第一義就是本義，這又是一個最後的回覆。說麁言細語，皆歸第一義，那是麁言有了本，細語也有了本。有了本，就有了根源，有了安頓，有了滋潤，從而有了生長，有了繁盛，有了綿延。於是由綿綿而穆穆，由穆穆而堂皇。到這裡，僧云：「喚和尚作一頭驢，得麼？」說儘管如此說，但打則必須那麼打。只因為這裡是宇宙也是祭壇，是人間也會是香案，會儘是「㦬兮煊兮」，會儘是光明正大，這是絕對不容輕忽的。

有一次，僧問趙州禪師：「初生孩子，還具六識也無？」

趙州云：「急水上打毬子。」

僧復問投子：「急水上打毬子，意旨如何？」

投子云：「念念不停流。」

所謂：「了了了時無可了，玄玄玄處直須呵。」所謂：「事事通兮物物明，達者聞之暗裏驚。」所謂：「入聖超凡不作聲，臥龍長怖碧潭清；人生若得長如此，大地那能留一名。」初生孩子，眼耳鼻舌身意，不能說沒有，但未曾分別六塵。好惡長短，是非得失，總是不識不知。惟此所云不識不知，究果如何？這急水上打球，也正是一大諧和，只是這第一次的諧和，卻決不能止息，而須念念不停地流，急急發展。由此再一度又一度的諧和，以進於一至高至大的諧和。於是由赤子而大人，終於是大人不失其赤子之心。《楞嚴經》有云：「如急流水，望為恬靜。」孩子是急水上打球，但念念不停流，孩子也終於到了大人，如急流水，望為恬靜。在這裡，一個人就是一個人，決用不著種種的解說和解釋，決用不著一切的形容和說明。當一個人就是一個人的時候，這就是一個人的完成。在一個人的完成之過程中，那是急水上打毬子，那是念念不停流。只不過「逝者如斯夫，不捨晝夜」，雖非前水在，終是故人來。到不失赤子之心，到有了孩子的面目，亦即本來的面目時，自然會依然是故我，而相對是故人了。碰到故人，則麁言細語無妨，而一切聲色無碍，佛可隨他去，道可隨他去，禪可隨他去，以至梵天上帝等也儘可隨他去。

更有一次趙州禪師問投子道：

「大死底人卻活時如何？」

投子云：「不許夜行，投明須到。」

由孩子到大人，須是大死一番，卻活始得。這是把一切道理、虛玄、得失、是非、長短，以至佛法聖訓與夫上帝的意旨等等，暫時擺下。再憑著一己一點綿綿密密、無可擺下之意念，以求於此大死中活轉來。所謂「平地上死人無數，過得荊棘林是好手，也須是透過那邊始得」。但要如何纔能透過去呢？這第一要憑一點綿綿密密之意，若一夜行，便難保任。第二要悟得自己儘有一點靈光，照徹山河大地，於此一醒覺就是明亮，一明亮就是到達。前者是「不許夜行」，後者是「投明須到」。

要一個人的完成，就要死中求活。要死中求活，就要透過去。要透過去，就要「不許夜行，投明須到」。一到了，就可「隨他去」。佛可隨他去，禪與道以至上帝與梵天，都可

「隨他去」。

投子一日爲趙州禪師置茶筵相待，自己把蒸餅敬奉他，他不管。投子遂叫行者敬奉胡餅，他即起身答謝，對行者拜了三拜。投子是一個完成了的人，對一個完成了的人，自然可以不管。行者是一個方來的後生，對一個希求完成者的敬奉，則不能不即答謝，而拜了又拜。一個人的完成，只是平平。「不管」就是「隨他去」。佛與道等等可以隨他去，投子自然也可以隨他去！只「投明須到」就好了。

十六、道吾的不道不道

龐居士初參石頭禪師便問：

「不與萬法爲侶，是什麼人？」

話猶未了，即被石頭禪師掩卻口，這便使他有個省處，遂作頌道：

「日用事無別，唯吾自偶諧。頭頭非取捨，處處沒張乖，朱紫誰爲號？青山絕點埃。神通與妙用，運水及搬柴。」

以後他參馬祖，又問不與萬法爲侶，是什麼人？馬祖答道：

「待爾一口吸盡西江水，即向爾道。」

於是龐居士豁然大悟。

再後龐居士到了藥山，住了很久。辭別時，藥山禪師命十人禪客相送至門首。這時候，正下著雪。於是他就指空中雪云：

「好雪片片，不落別處。」

當時有位全禪客就問：

「落在什麼處？」

龐居士就打他一掌。待全禪客說聲「也不得草草」後，龐居士說：

「汝恁麼稱禪客，閻老子未放汝在。」

於是全禪客就問：「居士作麼生？」

這使龐居士又打了他一掌，說道：

「眼見如盲，口說如啞。」

古人以雪明「一色邊事」。所謂「普賢境界，一色邊事」，亦謂之打成一片。雲門禪師道：

「直得盡乾坤大地，無纖毫過患，猶爲轉句。不見一色，始是半提。若要全提，須知有向上一路始得。」

在雪一樣的宇宙中，有銀色的世界。在銀色的世界裏，有清白的人間。在清白的人間裡，有一塵不染的人生。在一塵不染的人生裡，有一素樸的我。只不過只是一素樸的我，那又算得什麼呢？雖然是「巧笑倩兮，美目盼兮，素以爲絢兮」，但只是「好雪片片，不落別處」，境界儘管好，不也就過於迷茫了麼？對此迷茫，自然須得拾起雪團打過去。於此孩子們的雪戰，會勝過詩人們的靜靜的雪吟。若仍如全禪客問著「落在什麼處」，這眞是所謂大煞風景，非惟無由透過迷茫，亦且墮入泥淖，愈陷愈深。當被打一掌後，還說著「居士也不得草草」，則更是所謂不識高低，不知好歹。於此，龐居士於其再問「居士作麼生」時，再打一掌，說是「眼見如盲，口說如啞」，那便是告訴他對一色邊事，對普賢境界，就只能任其迷茫，打成一片，在無顏色裏，儘有顏色，在無分辨中儘有分辨。到此眼如盲，口如啞，不是顏色不復分辨，就是好雪片片，不落別處。既不落別處，就落在此處。既落在此處，就無須更問何處。當下是一素樸的我，當下是一塵不染的人生。於是更由清白的人間，再到銀色的世界，終於又回到了雪的宇宙。

迷茫儘管迷茫，但一回轉，也就透過去，而一透過去，也就是雲門所說的「半提」了。僅僅是一個藝術境界，總是要透過去，要提起來的，那是在一中途，有更向上的一路，也有更落實的一層。由雪的宇宙到素樸的我，再由素樸的我回到雪的宇宙，這一去來，只是一著。這一著對落實處說，是一落處。對一絕對處說，是一起處。說到美，就是這樣的落處，也是這樣的起處。「好雪片片，不落別處」，落在美處，但又不僅僅落在美處。只一雪片，會就是一個眞理；只一雪片，會就是一個聖神。那會落在眞理處，也會落在聖神處。是美妙處，又是眞理處，又是聖神處，因之，也就是一個全處，一個「完成」處。每一雪片是一個全，一個完成，因之，每一雪片亦必終歸宿於一個全處，一個完成處，這即是落處。

雲門禪師示眾云：

「乾坤之內，宇宙之間，中有一寶，秘在帝山，拈燈籠在佛殿裏，將三門來燈籠上。」

這一寶，也只是一個全，一個完成。一個全，一個完成，會是一個理世界，又會是一個事世界，又會是一個事理無碍世界，又會是一個事事無碍世界。他不與萬法為侶，但與萬法為一。還問這是什麼人嗎？這便要掩卻你的口。只不過掩卻了口，卻張開了心。運水是神通，搬柴是妙用。尋常日用事，就是徹上徹下事。到這裡，張開了心，也就張開了口，內外通達，通體透明，西江之水，儘可吸盡。只不過到一口吸盡西江水，再來向你道時，道出的會又是什麼呢？要知好雪片片，不落別處；好語連篇，也不說別個。

另有一僧人問藥山禪師道：

「平田淺草，麈鹿成群，如何射得麈中麈？」

藥山云：「看箭。」

這僧人放身便倒。藥山即叫「侍者，拖出這死漢」。於是這僧人便走了。藥山於是說道：

「弄泥團漢，有什麼限？」

鹿與麈平常容易射著。只是麈中麈，乃是鹿中之王，最爲難射。如何射著鹿與麈，那是可以說的。這可以說的，就是所謂箭法。但如何射著麈中麈，那是不可說的。這不可以說的，就是所謂「運用之妙」。常言運用之妙，在乎一心。只不過既說是要射鹿王，則一心之妙，又在一箭了。一箭要發生射鹿王之妙用，須在一心；而一心要發生射殺鹿王之妙用，又在一箭。於此，由一箭到一心，又由一心到一箭，這一來回，是一個「完成」，也正是一個「全」。蓋即由技進乎道，而射鹿王，則必須進乎此道，始能辦到。藥山之說「看箭」，是尋常之語，也正是有道之言。那僧於此看作一光景，放身便倒，反成虛玄，以致心死，故必須拖出此死漢。僧人之走，在彼自認復活，然終是弄泥團漢，說不上是「清楚」，是「乾淨」，是「透徹」。好雪片片，不落別處，但弄泥團漢，總以爲會落在別處。好語連篇，不說別個，但弄泥團漢，總以爲會說別個。

丹霞天然禪師問僧：「甚處來？」僧云：「山下來。」又問：「喫飯了也未？」僧答：「喫飯了。」更問：「將飯來與汝喫底人，還具眼麼？」僧無語。所謂弄泥團漢，就是只知「山下來」，只知「喫飯了」，而對將飯來與汝喫者，具眼不具眼，竟是無言以對。

雲門禪師示眾云：

「藥病相治，盡大地是藥，那個是自己？」所謂弄泥團漢，則雖「盡大地是藥」，竟未能「藥病相治」，遂致「那個是自己」，也不知道。

玄妙禪師示眾云：「諸方老宿，盡道接物利生，忽遇三種病人來，作麼生接？患盲者，拈鎚豎拂，他又不見。患聾者，語言三昧，他又不聞。患啞者，教伊說，又說不得。且作麼生接？若接此人不得，佛法無靈驗。」

於是僧人便拿這話向雲門禪師請益，雲門叫他禮拜著，僧就禮拜起來。雲門以拄杖拄，僧後退。雲門就說：「汝不是患盲。」復喚僧人近前來，僧即近前。雲門又說：「汝不是患聾。」雲門這纔問道：「還會麼？」僧答：「不會。」雲門更說：「汝不是患啞。」僧於此有省。

所謂弄泥團漢，則是既不知他自己不是患盲，又不知他自己不是患聾，也不知他自己不是患啞，卻只是不見拈鎚豎拂，不聞語言三昧，教伊說，又說不得。那眞是糟踏了自己，病苦了自身。

「好雪片片，不落別處。」但弄泥團漢，總以爲落在別處。

「好語連篇，不說別個。」但弄泥團漢，總以爲說著別個。通常一個藝術的境界，或美的境界，會使一個人從而更清明，更乾淨，更透徹，但也會讓一個人由此更迷惑，更顛倒，更昏沉。既然運水搬柴都是神通妙道，則對家國天下，豈不應更莊嚴，更沉著？於此如未能邁進一大步，便自然會墮入了一個泥沼，弄弄泥團，而不自知。

龐居士到了藥山，雲巖與道吾兩禪師也同參了藥山和尚。藥山出曹洞一宗，曹洞宗有三人道法盛行。雲巖下是洞山。道吾下是石霜。船子下是夾山。雲巖、道吾兩禪師同參藥山，曾四十年脇不著席。而雲巖復常隨道吾咨參抉擇。有一日，雲巖問道吾云：

「大悲菩薩，用許多手眼做什麼？」

道吾說是「如人夜半，背手摸枕子」。雲巖就說：「遍身是手眼。」道吾遂評之云。

「道即太煞道，只道得八成。」

雲巖就問他：「師兄作麼生？」道吾便說：

「通身是手眼。」

由藝術的境界或美的境界透出去，再提上來，會用得著許多手眼，如人夜半，背手摸枕子。到一透出和一提起時，便會「遍身是手眼」。到再透出，再提起時，便又會「通身是手眼」。這是一個靈活，這是一個透明。但靈活裏又儘有無限的莊嚴，透明裡更儘有無上的沉著。就這樣成就了一個全，那是全體德慧之全。既成全了，那就完成了。完成是一個人的完成，又是一個家國天下，和一個宇宙的完成，所以必須得通身是手眼。

只不過這「全」又是什麼？這「完成」又是什麼呢？

雪峯禪師住庵時，有兩僧來禮拜，雪峯見他們來，便以手托庵門，放身出云：

「是什麼？」

僧亦云：「是什麼？」雪峯便低頭歸庵。

僧後到巖頭禪師處，巖頭問他：「什麼處來？」僧說是：「嶺南來？」巖頭又問他：「曾到雪峯麼？」僧云：「曾到。」巖頭再問：「有何言句？」僧舉前話。巖頭云：「他道什麼？」僧云：「他無語，低頭歸庵。」巖頭便說道：

「噫，我當初悔不向他道末後句。若向伊道，天下人不奈雪老何。」

僧至夏末，再舉前話請益，巖頭云：「何不早問？」僧云：「未敢容易。」巖頭這纔又說道：

「雪峯雖與我同條生，不與我同條死。要識末後句，只這是！」

其實，雪峯的「放身出」，不出別處，就是一個「全」，也是一個「完成」。雪峯的

「低頭歸」，不歸別處，就是一個「全」，也正是一個「完成」。僧人對雪峯的問「是什麼？」也回答「是什麼？」，那不過是有樹就有一個影子，有聲就有一個迴響。那是在徜恍中，在迴環裡。巖頭的所謂末後句，那是同條生，不同條死。其實，生是一個「全」，死也是一個「全」。生是一個「完成」，死也是一個「完成」。只不過生的全，生的完成，是簡單化到一點。死的全，死的完成，卻是簡單化到不可知。這便是爲什麼巖頭可以與雪峯同條生，但雪峯畢竟不可以與巖頭同條死？雪峯要是明白了這一點，天下人自不奈雪峯何！因爲要放身出，就放身出；要低頭歸，就低頭歸。這出入是何等自在？要生就生，要死就死，這生死更何等自然？這還有誰能奈雪峯何？雪竇禪師於其對此頌語中，末句說是：「南北東西歸去來，夜深同看千巖雪。」那眞會是「好雪片片，不落別處」。但雖不落別處，究竟是來自天邊。既來自天邊，就須得再落到天邊去。

還有一僧人問趙州禪師道：

「久響趙州石橋，到來只見略彴（音約）。」

趙州云：「汝只見略彴，且不見石橋。」

僧問：「如何是石橋？」

趙州答：「渡驢渡馬。」

到這裡，趙州的石橋，也正是一個「全」，一個「完成」。這石橋是李膺所造，天下聞名。但僧人把他看成是略彴，看成是獨木橋。其實，獨木橋又何嘗不是一個「全」，一個「完成」？只不過這一個「全」，這一個「完成」，卻未能全其渡驢之事，並完成其渡馬之功；但那一石橋，卻大可渡驢渡馬。只驢馬所渡著的石橋，纔是石橋；那僧人所見的石橋，不過是一個略彴。體上分，用上也要分。本上分，枝上也要分。因之「放身出」處要分，「低頭歸」處也要分，以至生要分，死要分，下手處也要分。

一日，趙州禪師問一首座：石橋「是什麼人造？」首座說是李膺所造。又問，「造時向什麼處下手？」首座無話說。趙州便道：

「尋常說石橋，問著下手處，也不知。」

其實，下手處，就是把一塊石頭放在一塊石頭處，那只是一塊一塊處，那只是一點一滴汗在那裏流著處，也就是一個人在那裏簡單化到了一點一滴處。

橋只是一點一滴地造，又是一點一滴地毀。同樣，人也只是一點一滴的生，又是一點一滴地死。

道吾禪師與漸源禪師，至一家弔慰，漸源拍著棺材道：

「生耶？死耶？」

道吾說：「生也不道，死也不道。」

漸源說：「爲什麼不道？」道吾說：「不道，不道！」

回到半路上，漸源說：

「和尚快與某甲道，若不道，打和尚去也。」

道吾云：「打即任打，道即不道。」

於是漸源便打著道吾。道吾被打後，更向漸源云：「汝且去，恐院中知事探得，與𠍋作禍。」遂密遣漸源出去。漸源復至一小院，聞行者誦《觀音經》云：「應以比丘身得度者，即現比丘身而爲說法。」忽然大悟云：「我當時錯怪先師。」以後道吾遷化（死），漸源到石霜禪師處，舉前話，石霜依前云：「生也不道，死也不道。」漸源云：「爲什麼不道？」石霜云：「不道，不道！」漸源於言下有省。一日將鍬子於法堂上，從東過西，從西過東。意欲呈其一己之見。石霜果然問他：「作什麼？」漸源就說道：

「覓先師靈骨。」

石霜便即斬截了當地說：

「我這裡洪波浩渺，白浪滔天，覓什麼先師靈骨？」

雪竇禪師於是在這裡著語云：

「蒼天，蒼天！」

漸源云：「正好著力。」

大原孚禪師云：「先師靈骨猶在。」

生是一點一滴地生，死是一點一滴地死。於是「完成」也是一點一滴的「完成」，「全」也是一點一滴的「全」。在一個大全裡，「生邪死邪？」自只好「不道不道」。而且是「打即任打，道即不道」。對比丘說法，現比丘身，即道也同不道。從東過西，從西過東，洪波浩渺，白浪滔天，默默無語，正是驚天動地。彼先師靈骨，彼蒼蒼者天，不道不道，又寧非一點一滴？先師靈骨是一點一滴地歸於大全。蒼天蒼天，也是一點一滴地，歸於完成。既是「全」在，就「正好著力」。既是「完成」，就靈骨猶在。

只不過，這靈骨也會有腐爛的時候麼？

《祖庭事苑》載〈孝子傳〉云：

「楚王夫人，嘗夏乘涼，抱磨柱感孕，復產一鐵塊，楚王令干將鑄爲劍，三年乃成雙劍，一雌一雄。干將密留雄，以雌進於楚王，王秘於匣中，常聞悲鳴。王問群臣，知有雌雄，鳴者懷雄耳。王大怒，即收干將殺之。干將知其應，乃以劍藏屋柱中，因囑妻莫邪曰：『日出北戶，南山其松，松生於石，劍在其中。』妻後生男，名眉間赤。年十五問母曰：

『父何在？』母乃述前事。久思惟，剖柱得劍，日夜欲爲父報仇。楚王亦募覓其人，宣言得眉間赤者厚賞之。眉間赤遂逃。俄有客曰：『子得非眉間赤邪？』曰：『然。』客曰：『吾甑山人也，能爲子報父仇。』赤曰：『父昔無辜，枉被荼毒，君今惠念，何所須邪？』客曰：『當得子頭並劍。』客得之進於楚王，王大喜。客曰：『願煎油烹之。』王遂投於鼎中。客紿於王曰：『其首不爛。』王方臨視，客於後以劍擬，王頭墮鼎中。於是二首相囓。客恐眉間赤不勝，乃自刎以助之。三頭相囓，尋亦俱爛。」

要知不與萬法爲侶是什麼人嗎？要知「好雪片片，不落別處」嗎？要知「盡大地是藥，那個是自己」嗎？要知「放身出，低頭歸」是什麼嗎？要知末後句以至道吾的「不道不道」是什麼嗎？要知靈骨猶在，也有爛時嗎？且請一看鼎中。到這裡，一點就是一點，一滴就是一滴。簡單化就是簡單化，「不道」就是「不道」。

附一、《禪源諸詮集》諸序附語

一、欣上厭下而修者，救之以「忠信以進德」，此於外道禪如此，於今之哲學亦然。

二、正信因果，亦以欣厭而修者，救之以「下學而上達」，此於凡夫禪如此，於今之科學亦然。

三、悟我空偏眞之理而修者，救之以「修辭立其誠」，此於小乘禪如此，於今之藝術與文學亦然。

四、悟我法二空所顯眞理而修者，救之以「窮理以居敬」，此於大乘禪如此，於今之宗教亦復如此。

五、頓悟自心，本來清淨，元無煩惱，無漏智性，本自具足，此心即佛，畢竟無異，依此而修，必修之以漸，所謂「猛火煮，慢火溫」，由此以前，是步步外推，由此以後，是步步入內，救之以「合外內之道也，故時措之宜也」，此於最上乘禪如此，於宗教以上之學與夫宗教以上之事，亦皆如是。由此用心，由此落下，由此一轉，由此重生，便莫非道之發用：外道成道，哲學成道。凡夫成能，科學成能。小乘非小，文章華國。大乘非大，上帝退藏。至此，誰能了解一株小草？誰能了解一朵小花？誰能了解萬劫不復後的一撮塵土？誰能了解滄海桑田裏的一點泥沙？便都是至聖至神至仁至慧，不復是禪，因已是了解於上帝的國和我人的家矣。

六、頓悟資於漸修，漸修亦復資於頓悟。不有所悟，何來所修？不有所修，何來所悟？所修是漸，所悟亦是漸，惟未能把握其過程，故覺其頓。頓亦是漸，斯漸成頓耳。頓識其全，漸則識分以至於全矣。

七、「以法就人即難，以人就法即易，人多隨情互執，執即相違……法本稱理互通，通即互順」，惟人與法，究須交就，有執始有通，有違始有順，有情始有理，有生命始有道。

惟反之亦眞，人與法固相融也。如不相融，爭端固非，會同亦未爲是。此則不關難與易矣。

八、禪門息妄修心宗，病在局促，此南侁北秀之過也。以「將識破境教」扶會之，終非簡化。

九、泯絕無寄宗，病在漭蕩，石頭牛頭，亦非不知。

十、直顯心性宗，終昧於「分明一樣窗前月，纔有梅花便不同」。惟「知之一字，眾妙之源」，月下梅花，非同小可，此「顯」教也。非科學之「識」，終成生命之學。非哲學之智，自屬性情之事矣。此可以「顯示眞心即性教」之旨扶會之，然終未足也。

十一、全揀以全收，全收以全揀，所謂「收揀自在」也。惟性以見相，惟相以見性，所謂「性相無碍」也。其惟生命乎，攝聚一切，放棄一切。其惟性情乎？眞美善神，俱由此出。然性通於天，情見乎辭，默即全揀，語即全收，生命與性情，固俱在此簡單化之中而非外在也。當今簡單化之相爲何如？曰：科學成生命之學，宗教爲性情之教，政治眞民主之治，人境全花木之境，如此而已。「昨夜窗前看明月，曉來不是日頭紅」，所謂禪者，究以風姿勝，又豈非由其「明明不昧，了了常知」，遂儘有其歸於性情，歸於生命，歸於民主，歸於田園之長懷奇趣？惟未自覺耳。因其未能自覺，故有宋明理學之自覺，以落實地，而著眼於家國倫常。惟由此再進，又豈非今日之大事耶？可長思矣。

十二、圭峯宗密，判佛教爲三類，一爲依性說相，內分人天因果，斷惑滅苦，將識破境三教，而以「將識破境」與禪門息妄修心宗相扶會。二爲破相顯性，認其爲與禪門泯絕無寄宗全同。三爲顯示眞心即性，謂其全同「直顯心性」之宗。實則落處同，起處不必同也。在起處，禪門與佛門終似有產生心象（Images）和產生概念（Concepts）之差。惟落處則一以超心象，一以破概念，兩相啣接，俱成大慧耳。圭峯就其落處而言，自有其苦心所在。後之理學，其與禪宗，則又起處同而落處不必全同。惟理學中卻無如圭峯其人者，以之與禪門從起處相扶會耳。禪以佛從落處相扶會而大心光，是圭峯用雖苦，而所獲亦多矣。宋明儒者中，惟龍溪有「儒學明，佛恩益有所證」之語，此誠富魄力之語也。

十三、法由眞到俗，義由俗到眞。空宗性宗，起落有異。

十四、空宗目諸法本源為性，此性乃眞法，成一切法。性宗目諸法本源為心，此心乃眞義，生一切義。

十五、空宗以寂為體，性宗以知為體，此空宗所以以分別為知，無分別為智，智深知淺。而性宗則以能證聖理之妙慧為智，以該於理智，通於凡聖之靈性為知，知通智局也。

十六、空宗無我，係以我為我所。性宗有我，係以我所為我。我所須遮，我則須表。空宗認法，性宗認義。「義」須俗眞二諦外，益以中道第一義諦，而法則二諦即足。空宗言徧計所執，依他起，與圓成實三法皆無性，而性宗則謂徧計情有理無，依他相有性無，圓成情無理有，相無性有，皆準上說也。

十七、泯絕無寄之說，截斷眾流。直顯心性之宗，瀰天蓋地。息妄修心之言，隨波逐浪。說法不同，非關頓漸也。

十八、「諸法是全一心之諸法，一心是全諸法之一心，性相圓融，一多自在，故諸佛與眾生交徹，淨土與穢土融通，法法皆彼此互收，塵塵悉包含世界，相入相即，無礙鎔融，具十玄門，重重無盡，名爲無障碍法界」，亦正是美學的最高境界。然於此豈不應更有所進乎？

十九、全佛之眾生，擾擾生死。全眾生之佛，寂寂涅槃。全頓悟之習氣，念念攀援。全習氣之頓悟，心心寂照。佛與眾生，悟與習氣，亦何常之有？簡單化之程度不同，斯純度有異耳。頓悟由於極純，我佛原爲本色也。

二十、變化裏的統一（Unity in Variety），以生滅即眞如故。統一裏的變化，以眞如即生滅故。由眞不變，故獲其一。由眞隨緣，乃獲其多。「少之爲貴，多之爲美」。迷悟凡聖同在生滅門，是悟固爲貴，迷亦爲美，聖固爲貴，凡亦爲美也。

二十一、迷眞逐妄，從微細順次生起，輾轉至粗。悟妄歸眞，從粗重逆次斷除，輾轉至細。粗障易遣，但須頓悟。細障難除，必須漸修。非關能翻之智，有淺有深也。

二十二、於色自在，一切融通，是禮，是自由。於心自在，無所不照，是智，是平等。滿足方便，一念相應，覺心初起，心無初相，離微細念，心即常住，直覺於迷源，名究竟覺，此是義，是光明。心即無念，則無別始覺之殊，本來平等，同一覺故，冥於根本眞淨心源，應用塵沙，盡未來際，常住法界，感而即通，名大覺尊，此是仁，是簡單化到了極點。「一即因賅果海」，不誠無物，由誠而明也。「十即果徹因源」，曲能有誠，由明而誠也。

二十三、「千器一金，雖無阻隔，一珠千影，元不混和。」此金器之所以貴，與珠影之所以美也。一本之所以貴，貴在分殊，分殊之所以美，美在一本也。能簡一切心，即獲一切法；能獲一切法，即簡一切心。無之非貴，簡之爲貴；無之非美，簡之爲美也。

二十四、最普遍的形式（Form）與最眞實的意義之同時顯發，即所謂能寂能照。貪嗔等是獨特的形式，亦會有其獨特的意義。於此而予以簡單化，則獨特的形式，終將歸於最普遍的形式，獨特的意義，亦將歸於最眞實的意義，空而非空，無而爲有，藥到病除，不足爲患。求仁得仁，不知老之將至，𢤦然斯怒，一怒而天下平，其此之謂乎？

二十五、圭峯以前，禪與教爲一大事，圭峯以後，理與禪又爲一大事。圭峯思泯禪與教之分，實則以教宏禪也。宋明理學之排禪，固極具時代苦心，與時代意義。時至今日，能師圭峯之意，於中國文化，實有大益，惟事更艱巨，不似以前之簡單與容易矣。

附二、中華傳心地禪門師資承襲圖附語

二十六、若有本即合識主，答：神會（姓高）以無住爲本，見即是主。大師（惠能）云：遮沙彌爭敢取次語，便以杖亂打。此頓悟即須頓打也。

……尾總持（斷煩惱，得菩提）（得肉）……寶月禪師

二十七、達摩1.——→慧可2.（本無煩惱，元是菩提）（得髓）——→僧璨3.——→

……道育（迷即煩惱，悟即菩提）（得骨）……向居士

……花閑居士

……黃梅朗禪師，荊州顯，舒州法藏

——→道信4.——→弘忍5.——

……法淨，

……牛頭山慧融→智岩→惠方→法持→智威，＝惠忠，＝馬素＝徑

山通欽。

……果閬宣什，越州方，北宗神秀（六）→普寂（七）＝西京山北章敬寺澄

＝，＝東京同德寺幹，襄州通→潞州法如，

→惠能6.——

……業州法，資州侁→資州處，益州金→益州石，江寧持，老安→陳楚章，

保唐李了法→揚州覺。

……南嶽讓→洪州馬→章敬暉……百丈海……西堂藏……

……興善寬……江陵悟

→神會7.——→

……印宗法師

……荊州衍，浮查無名，→花嚴……疏主，東京恒觀，潞州弘濟，襄州法

意，西京法師，陝州敬宗，鳳翔解脫→西京堅。

→磁州智如——

……河陽空，淨住晉平，西京大願，摩訶衍，襄州寂芸，涪州朗，大原光

瑤，荊州慧覺，魏寂州。

——▶益州南印——東京神照，益州如一，遂州道圓，建州玄雅。
（神會爲七祖畢竟無味，以下亦不應成統，因無須此統也）

二十八、「迷起一切煩惱」，豈非煩惱故迷乎？悟起無邊妙用，恐是妙用始悟！

二十九、北宗以息滅妄念，念盡，則心性覺悟，無所不知。此尼總持斷煩惱得菩提之說也，亦「皮膚剝落盡，留取一眞實」之說也。既有一切妄，自當有一眞。惟一眞一切眞，洪州之意，由之轉出，遂無法可拘，無佛可作。此近道育「迷即煩惱，悟即菩提」之說，亦本達摩「迷起一切煩惱，悟起無邊妙用」之言。惟如一切眞，則眞亦無所顯，既無所顯，則一切皆無。牛頭宗意，於此出現。此是「本無煩惱，元是菩提」。慧可之有傳於牛頭，當以此故。但一切皆無，必有一有。知有一有，斯具眾妙，眾妙之源，在於一知，斯言是也。知伏心滅妄，斯妄滅矣。知信任情性，斯性存矣。知休心不起，斯念無矣。然此究竟之知，究不離於最初之一念，而此最初之一念，亦正最簡單化之一念。尼總持得肉，得此念之肉也。道育得骨，得此念之骨也。慧可得髓，亦此念之髓也。此念有肉有骨有髓，在肉爲肉，在骨爲骨，在髓爲髓，要在人之知之耳。

三十、照荷澤宗意，實在追求一「知」。此知可以不斷上翻，亦可不斷內轉。其無可再翻、無可再轉而被突然把捉處，即其頓悟處。又其意實在了解一「知」，此知如鏡照物，惟鏡之能照能寂，終不在鏡，而在一宇宙之光。此乃無限之光與永恒之光。其於此灼然一見處，亦即其所謂頓悟處。惟似此突然把捉與灼然一見，終似無由確立，未善安排也。其所謂「念起即覺，覺之即無」，而歸以無念爲宗，當爲明儒龍溪「纔動即覺，纔覺即化」之所資。然於「安頓」處，此「化念」實勝於「無念」也。

三十一、圭峯述荷澤意云空寂知，一切攝蓋，乃眞心本體。其釋寂是不變動義，不同空無；釋知爲當體義表顯，不同分別。如實言之，寂是不變，亦是空無，惟空無始無限也；知是表顯，亦是分別，惟分別始萬殊也。無限則聖人成能，萬殊則智者成物。寂合「常住」與「流行」，並從而超越之，統一之，此眞正之精神狀態，亦即所謂宇宙精神也。知該想像（Imagination）與智力（Intellect），並從而超越之、統一之，此絕對之宿慧狀態，亦即所謂全體智慧也。宇宙精神之個人化，則爲性情。全體智慧之局部化，則爲理智。聖人成能，本諸性情。智者成物，本諸理智。而此成能成物要皆爲成己之事。蓋即由一個宇宙的完成到一個人的完成，復由一個人的完成，到一個宇宙的完成，此徹上徹下之事，亦即成聖成佛之事也。

三十二、圭峯於禪門各宗，辨明深淺得失之處，可與明道《定性書．識仁篇》同閱。惟二程特提一敬字，此則居敬而行簡，畢竟不同於居簡而行簡之處也。圭峯述荷澤「必先頓悟，依悟而修」，並特有取於是。此亦於無限歷程中，截取一段之說也。果眞如此，則孔子由志學而所欲從心，與夫釋迦之菩提證道，又將何言以解耶？頓漸究爲一相續不斷、上昇無限之歷程。既濟終於未濟，工夫蓋即本體也。

四二、七、一二——一五日

NOTE

NOTE

NOTE

NOTE

國家圖書館出版品預行編目資料

大地邊緣人物：禪門人物的風姿與領悟 / 程兆熊著. -- 初版. --
新北市：華夏出版有限公司, 2022.09
面； 公分. --（程兆熊作品集；08）
ISBN 978-626-7134-23-8（平裝）
1.CST: 佛教傳記

229.3 111007707

程兆熊作品集 008

大地邊緣人物：禪門人物的風姿與領悟

著 作 程兆熊
印 刷 百通科技股份有限公司
電話：02-86926066 傳真：02-86926016
出 版 華夏出版有限公司
220 新北市板橋區縣民大道 3 段 93 巷 30 弄 25 號 1 樓
電話：02-32343788 傳真：02-22234544
E-mail pftwsdom@ms7.hinet.net
總 經 銷 貿騰發賣股份有限公司
新北市 235 中和區立德街 136 號 6 樓
電話：02-82275988 傳真：02-82275989
網址：www.namode.com
法律顧問 呂榮海律師
台北市錦西街62號 電話：02-25528919
版 次 2022 年 9 月初版一刷
特 價 新台幣 280 元 （缺頁或破損的書，請寄回更換）

ISBN-13：978-626-7134-23-8
《大地邊緣人物》由程明琤授權華夏出版有限公司出版